宋词是一杯清酒6

柳永词传

白芷寒／著

时事出版社

图书在版编目(CIP)数据

宋词是一杯清酒.6,柳永词传 / 白芷寒著.—北京:时事出版社,2015.1

ISBN 978-7-80232-807-5

Ⅰ.①宋… Ⅱ.①白… Ⅲ.①柳永(约987~1053)- 传记 ②柳永(约987~1053)- 宋词 - 诗歌欣赏 Ⅳ.① K825.6 ②I207.23

中国版本图书馆 CIP 数据核字(2014)第301813号

出版发行:时事出版社
地　　址:北京市海淀区万寿寺甲2号
邮　　编:100081
发行热线:(010)88547590　88547591
读者服务部:(010)88547595
传　　真:(010)88547592
电子邮箱:shishichubanshe@sina.com
网　　址:www.shishishe.com
印　　刷:北京建泰印刷有限公司

开本:880×1230　1/32　印张:8　字数:144千字
2015年1月第1版　2015年1月第1次印刷
定价:29.80元
(如有印装质量问题,请与本社发行部联系调换)

序言

说不尽的柳三变

那段历史潜在岁月的行囊中已奔走千年，时至今日，再回首依然无法忽视那颗耀眼的明星——柳三变。

依稀记得芙蓉满园的东南小镇，钟灵毓秀的山水之乡塑造了柳三变飘逸洒脱的经世之观，他从这里出发，纵身四海，游遍天涯……最初的词情诗意就是在这里滋养升华，一生的起伏坎坷后，再也没能有机会回眸故乡，那片偌大的白蘘之象只能在他心于四方的纯粹思念中存留。

走进柳三变的生命历程，无数的疑问盘桓在心底。

这个谜一样的诗人，走过了无数沧桑的洗礼。北宋举子柳三变遵从父命避居读书，而后化身风流才子流连烟雨红楼间，一时轰动京城，成为走红词人；青年的坎坷仕途路一次次磨砺着他的心灵，年至半百，才惶惶然奔上了及第之路，几个薄官，几位红颜，几次宦游，流传下来的无数动人词作为他最后的人生画上了圆满的句点。

在仕途上，虽抱定“学而优则仕”的志愿想要一展宏图，不成想，通天的坦途之路上总是障碍重重，无意的一句“忍把浮名，换了浅斟低唱”给自己带来杀身之祸。姗姗来迟的进士之名，让满鬓斑白的白衣卿相泪流满面……

实现了入仕的愿望，又不肯舍弃渴望自由的心灵。官场的一切，羁旅行役的漂泊，说不出是悲是喜。

可是，至少还有知音。

《避暑录话》载“凡有井水饮处，即能歌柳词”。寄身于灯红酒绿的烟花红楼地，柳三变不愿再拘泥于世俗的审判，随心所欲地自由过活。在这些烟花柳巷的红尘女子身上，三变看见了纯粹真正的人性面目；褒奖三变的世俗之音是对他现世最好的安慰。

从白衣卿相到风流才子，柳三变用满怀挚情俘获了无数女子的心。在他生命中走过的那些红颜，润濡着他的才情，丰富着他的人生旋律。

他的人生充满着冷暖交织的张力，一方是众人对井水诗词的赞颂，一方是郁郁不得志的悲伤；疼痛的伤口使得生命充满了敏锐和质感，或许这也是苦难赠予的附属品。他以超人的才华滋养着这些疼痛，终有一天，在这些伤口之上，绽放出最灿烂的花朵，散发出灵魂的馨香。

遥想当年，词名满天下，却不忍满腹才华不得功名；想当年，身边车水马龙，却未料如今孤伶无人伴。

群妓合金葬柳七。晚年的柳三变在一片萧索惨景中黯然离世。柳三变作古，但他的词才却经历历史的淘洗散发出更加耀眼的光芒，天下咏之，传播四方。

时至今日，柳三变的“杨柳岸晓风残月”还活着，他的“三秋桂子，十里荷花”依然在人间悠悠开放……

目录 CONTENTS

第一章

优游少年柳三变

十几岁的少年，正是人生最生机勃勃之际，再稳重老成的理想，再沉重压抑的寄托，也无法将少年的活泼天性湮没。更何况，酷爱游山玩水的柳三变，早已学会了用慧眼捕捉自然之美。

第一节

百变柳永百变名

宋太宗雍熙元年（公元 984 年），暮春三月，草长莺飞，江南早已一片樱红柳绿，湿润的风自南而来，白墙黑瓦的私塾里，孩童诵诗的声音若隐若现，屋檐下盘旋着几只雏燕，享受着初次飞翔的乐趣，时光无声无息，仿佛也被这温柔的水乡揉碎。

然而在儒臣柳宜家里，此时却热闹非凡。一个男婴的诞生，给这个平日里总是奔波的家庭平添了一份喜悦，尤其是柳宜，彼时他已四十六岁，仍宦游于州县之间，担任些无关紧要的官职。他已育有二子，长子柳三复，次子柳三接，此时都在为考取功名埋首苦读。柳家又添一子，邻居纷纷前来道喜，柳宜一边拱手道谢，一边在心底揣度着男婴的名字……

柳氏一族的故乡，在钟灵毓秀的福建省崇安县（今武夷山市），柳宜的父亲柳崇在当时便以儒学显名。唐末五代豪强四起，时局动荡，为避祸乱，柳崇携家隐居在崇安县的金鹅峰山下。

柳崇此举，本是想避世，没想到在如此人迹罕至的偏僻之地，却迎来了一位朝廷要员，此人奉命诏柳崇出山为官，柳崇淡然摇首，只道家有高堂无人奉养，柳子高恐不能应诏！

后来，无论朝廷如何催促，柳崇果然不为所动。但这位闭门治学的儒者，并没有阻止儿子们的求仕之路。柳崇育有六子，皆出仕为官。其中长子柳宜，曾上书朝廷，畅谈政论得失，南唐后主李煜见之，颇为赞赏，遂招入宫中为官。柳宜性格耿直不阿，一身傲骨，官居监察御史之职，刺贪刺邪，直言敢谏。他的好友王禹偁曾在《送柳宜通判全州序》称，柳宜“多所弹劾，不避权贵，故秉政者尤忌之”。

公元 975 年，北宋的铁骑踏破南唐都城金陵（今江苏南京）的城墙。三年后，吟唱着“雕栏玉砌应犹在，只是朱颜改”的后主李煜被宋太宗以牵机药夺了性命。按照话本小说的故事套路，国破君亡，有骨气的旧臣当以死方能报答龙恩，赢得后世的赞誉。

然而，倘若不是身处其间，谁也无法体会柳宜的难言之隐。

宋太祖赵匡胤给柳宜等一干旧臣提出了优渥的条件，又言之以情，晓之以理，大谈“天下初定，亟须尔等能臣辅佐朝廷，以保苍生”云云，最终，柳宜选择降宋。

南唐旧臣的身份不是与生俱来的胎记，柳宜穷尽前半生所学，才在风雨飘摇的南唐换得一顶乌纱帽，熟料世事变幻无常，顷刻间，他治国平天下的宏愿便被搁浅，他感激旧主李煜的知遇之恩，但他亦清楚，要在幅员辽阔的中原建立一个统一政权，非赵匡胤这等铁血之人不可。降宋之事虽已坐实，但若能解救天下苍生于水火之中，骨气名节又算得了什么?

虽然宋主认为柳宜“识理体而合经义”，但因他的旧臣身份，终归不肯委以要职。当然，也不能指斥帝王心胸狭隘，不懂用人之道，历代王朝的兴亡皆是如此，对前朝的臣子以礼相待已是万般可贵，倘若真的委以要职，则未免显得草率。宋主深谙此道，对柳宜等旧臣，表面尊敬有加，实则处处为难排挤。柳宜在宋为官数年，政绩颇佳，却仍只是州县闲散小官，且朝廷一纸调令，就需四方奔波任职，柳家人亦饱受颠沛流离之苦。

生命中出现这样的变故，柳宜也唯有一声长叹。在他的后半生里，“南唐旧臣”这顶帽子成为他摘不掉的梦魇……

眼前的男婴粉嫩可爱，黑漆漆的双眼仿佛是宁静的古潭，一看便是读书之相，柳宜心中大喜，遂给男婴起名“柳三变”。柳三变在族中子弟排行第七，故亲密的人亦称他“柳七”。

"三变"二字取自《论语》："君子有三变：望之俨然，即之也温，听其言也厉。"大抵描述了孔圣人眼中的君子形象：远观严肃不苟，接近即温和坦荡，谈吐严厉庄重，无嬉闹之态。

柳宜给幼子起了这样一个寄托深远的名字，自然是希望他能饱读诗书，以儒家之礼约束自己，以修身治国平天下为己任，在功名之路上能有所作为。但说来蹊跷，柳三变的名字后来传得满城风雨，而伴他走上仕途的，却是他后来的大名——柳永。

不过，这已是后话了。

年幼的柳三变，过早地开始了漂泊生活。父亲柳宜仕途不定，朝廷的调令指向哪里，就需拖家带口，奔波任职。柳三变自出生起，就随父亲辗转于蒲州、泉州、扬州等地。少年的他还不懂离别羁旅之苦，只觉得各地风景新鲜有趣，而车马劳顿的辛苦，披星戴月的奔波，自有大人操办，他也不必多想。

于是少年三变的眼里充满了各地的旖旎风光，齐鲁山脉的千山叠翠，江南的飞絮嫩柳，烟雨朦胧，梅子红时煮茶分乳，若有闲情，在乌篷船上戴笠垂钓，风雨不归。夜晚，父亲亲自教他诵读诗书，木箱里的古籍带有淡淡的檀香，父亲先教他读启蒙的《诗经》，泛黄的书页里夹着一枚芸香签，他好奇地拿起来看看，父亲轻轻敲了敲他的脑袋，他赶忙放下，认真地同父亲诵读起来：

关关雎鸠，在河之洲，
窈窕淑女，君子好逑。
参差荇菜，左右流之，
窈窕淑女，寤寐求之。
……

——《国风·周南·关雎》

他对父亲提出的“后妃之德”不大明白，总觉得这首民歌清扬婉转，别有韵味，文学第一次在他狭窄的心湖泛起淡淡涟漪。

或许他也有自己的悲伤，每一次相遇都那么偶然，每一次离别又那么匆忙，他不明白父亲为何总是在路上，也读不懂唐诗里故人离别的辛酸，而这些问题的答案，苦苦纠结了他一生，直到多年后饱受羁旅之苦，他才知晓父亲当日所承受的重量。

在父亲充满叹息的宦游时光里，柳三变度过了无忧无虑的童年。在家庭环境的耳濡目染下，柳三变自小便立志读尽天下书，早日及第，光耀门楣。

直到太宗至道年间，失意的父亲辗转回到故乡，柳家人的漂泊不定的生活才总算暂时结束。

在推崇儒家礼法的崇安白水村，六子入仕的柳门颇受当地人敬重，柳三变随父刚回到故乡，迎接他的便是乡民们热切的目光和殷勤的招待。在这里，他隐隐体会到入仕给人带来的荣耀感。彼时他刚满十三岁，已经度过了蒙童的天真无知，家族门楣的观念已深入少年心髓，他对唐诗所云“乘风破浪会有时，直挂云帆济沧海”深信不疑，幻想着“春风得意马蹄疾，一日看尽长安花”的生活。

柳三变少年自幼聪慧，加之老师指点，学业更是突飞猛进，十四岁时的一篇习作，他便发下宏愿，立志求学：

父母养其子而不教，是不爱其子也。虽教而不严，是亦不爱其子也。父母教而不学，是子不爱其身也。虽学而不勤，是亦不爱其身也。是故养子必教，教则必严；严则必勤，勤则必成。学，则庶人之子为公卿；不学，则公卿之子为庶人。

——《劝学文》

柳宜看罢儿子的习作，心中甚是欣慰。柳三变也知晓，他虽出身仕宦之家，境况比庶民优越，但和那些贵族公卿相比，毕竟差距悬殊。父亲郁郁寡欢的神情，终日紧锁的眉头，还有朝廷无休无止的调令，让这个生性敏感的少年体会到了柳门子弟求仕之路的不易，他盼望着有朝一日能科举及第，光宗耀祖，才不负父亲的教诲……

第二节

寒窗苦读十年梦

十几岁的少年，正是人生最生机勃勃之际，再稳重老成的理想，再沉重压抑的寄托，也无法将少年的活泼天性湮没。更何况，酷爱游山玩水的柳三变，早已学会了用慧眼捕捉自然之美。

整日囿于晦涩典籍，生活有时显得过于单调枯燥，幸好还有家乡的景色为伴，少年的眼里仿佛整日都框住一幅巨画。闽西北的九曲流水和层峦山涧点缀出一片桃园：飞流直下的瀑布，形态各异的奇石，群山环抱的溪流。如此腾云驾雾般的景色，都是柳三变的心头所爱，亦是他诗中的常客：

攀萝蹑石落崔嵬，千万峰中梵室开。

僧向半空为世界，眼看平地起风雷。

猿偷晓果升松去，竹逗清流入槛来。

旬月经游殊不厌，欲归回首更迟回。

——《题建宁中锋寺》

这是他为家乡钟灵毓秀的中锋山、中锋寺留下的诗篇，对仗工整，典故得当，音律谐美，不像是出自少年之手，然而不足之处在于意境平凡，写实白描较多，而留人遐想之处较少。

刚刚开始研习声律的少年，被眼前千山万壑的壮美，空谷回音的寂寥，微风入林的清脆，翔鸟南归的惆怅所吸引，便迫不及待地想用墨汁碾磨出这千姿百态的世间万物，他被迷得神魂颠倒，便在白宣纸上留下这篇习作。

写罢，柳三变委实有些得意，他摇头晃脑地推敲了几遍，不禁欣欣然起来——大自然鬼斧神工，古人为此吟咏不断，凡夫俗子身处其中而不觉察，唯有一颗敏感透彻的心灵和源源不断的诗情，方能体会眼前之景。能把眼中之画抽象为文字，吟哦推敲，何其有幸！

可是，当那一份欣然与骄傲退潮，柳三变再读这首诗时，又觉得其与泛泛之众的写景诗并无差别。那日风景在心头印上的花环还未褪去，诗情也还在血管里荡漾，所作之诗似乎只是隔靴搔痒，并不能排解那股隐隐涌动的思绪。那些暗涌时常将他困扰，究竟少了些什么呢？少年对着青山绿水追问不已。

夜阑人静，柳三变读罢经书典籍，掩上书卷，轻轻啜上一口热茶，在昏黄的油灯下回想起和父亲在扬州的时光。

那时候父亲柳宜在扬州任善赞大夫，柳三变随父在府内读书，天朗气清之时，还会同父亲的同僚们一起出游，寻访名山胜水。

绿柳白堤沙鸥翔，绿茶红梅荔枝软，这是他记忆里的扬州。在城北狭长的碧湖里，荷风送香，竹露滴响，几只画舫泊在岸边，飘来的飞絮突然迷了双眼，一阵幽香扑鼻，几个结伴同游的闺中少女传来清脆的笑声。

“烟花三月下扬州”，使他迷惑的不是火树银花不夜天，而是从画舫里传来的幽幽的歌声，歌女舞姬在画舫油灯的映照下，露出曼妙的身姿，一笑一颦，皆撩拨着少年好奇的心绪。琵琶声起，咿咿呀呀的歌声从湖中升起，落入少年耳中，听得他一阵酥麻陶醉。歌女所唱，皆是旧朝李后主、温飞卿、韦端那些精雕细琢、华丽浮靡的句子，往日里，父亲只许他习读经书，不料想，这些句子一入少年之耳，竟令他飘飘然不知所以。

柳宜见状，轻哼一声，斥道：“簸弄风月，不过艳科而已！”

柳三变没有回答，眼角里绣出舞姬轻曼的身姿。

虽对风月情思还不甚了解，但柳三变的确在那一刻被“艳科”莫名感染，以至于在后来无数个梦境，他总恍惚瞧见那些面容模糊的歌姬，绮梦一场，醒来后却有股莫名的惆怅，耳边回响的，仍旧是那些旖旎的“艳词”。

当他再读到这阙流传于家乡市井的《眉峰碧》，就像遇见了阔别多年的知己，他突然懂得了让自己念念不忘的是什么，也明白了自己诗里到底少了什么。

蹙破眉峰碧，纤手还重执。镇日相看未足时，忍便使鸳鸯只。

薄暮投村驿，风雨愁通夕。窗外芭蕉窗里人，分叶上心头滴。

——无名氏《眉峰碧》

或许是行商在外的新婚男子，或许是寂寞惆怅的闺中思妇，记录下了这一阙如夜雨打芭蕉般的心曲，笔者的身份、姓名已经无从考证，但这首小曲所散发出的幽然情思，宛如一支小夜曲，经历了沧海桑田、春花秋雨，依旧撩拨着少年的敏感的触角。

柳三变顿时如汤沃雪，醍醐灌顶，以前自己写的诗，只是将眼前之景、身边之事作了一通描绘，费尽心思不过是琢磨出几个恰当、贴切的字词形容而已，但忽略了一个最重要的因素，那便是心中之情。于是，再精工富丽的文字、工整对仗的典故，也食之无味，读来枯索。历来多少诗人都止于言情，为赋新词强说愁。

一曲《眉峰碧》，在柳三变心头转了好几个弯，平平仄仄的吟唱环绕在他的脑际，连同那日在扬州所闻的“艳科”，汇聚在一起，在他心灵的舞台粉墨登场，咿呀吟唱。那一刻，柳三变相信，文学的力量不仅在于修身养性，还在于感染心性，倘若仅凭文字就可以令人心神陶醉、不知所以，这样的文学，才是他所追求的。少年固执的相信，有朝一日，他或可写出同《眉峰碧》一样伟大的作品，在茫茫黑夜给更多人带来安慰。

除却功名，词名他也想要。那一年，他十六岁，在崇安的屋檐下读到一首无名氏的词作，从此生了一颗“词心”。

在了解坊间流传的描述后，柳三变对这首词喜欢得如痴如醉。

据说他将《眉峰碧》写在墙壁上，反复吟诵，不知厌倦。待其词名大振之后，还把这首词吟诵给相好的歌姬，或是为博佳人一笑，或是趁醉坦露心怀。多情之子，言之有心，听者更愿意揣度猜测。后来，那个并未在柳三变风流情史中出现的女子又把此事告知他人，不知是醉后随意吐露，还是为炫耀自己曾与才子的相伴相识，很快，这则逸事在坊间流传起来。

《眉峰碧》原是崇安当地的民谣小曲，就这样一夜间风靡全国。甚至到了北宋末年，宋徽宗赵佶还对这首词赞誉有加，还亲自御批：此词甚佳，不知何人作，奏来。可惜众人寻访，皆未有所获。

徽宗年间，词体大盛，成为与诗歌并驾齐驱的文学样式，文人雅士以著词为消遣。很快，各种词牌、词体统领了宋朝的文学江湖。可是，在柳三变生活的北宋初期，诗歌仍为传统文学之大雅存在，“词”这种体材被视为雕虫小技，入不了士大夫之眼。

关于宋词的起源，众说纷纭，或以为词体自唐代乐坊歌词而来，或以为是巷间歌谣改编的结果，不可否认的是，唐末已有诗人尝试着用词体创作，其内容虽多“艳科”，但对词体后来的发展起到决定性的作用。宋词，词体多上承南唐与花间词派。柳三变少时，宋词还在发展初期，写词之人寥寥，佳作更是稀少，因而柳三变的作品只能汲取后主李煜、冯延巳、温庭筠等人的词作，以及少许的乡间俚语。

“绮筵公子，绣幌佳人，递叶叶之花笺，文抽丽锦；举纤纤之玉指，拍按香檀，不无清绝之词，用助妖娆之态。”这几乎是《花间集》的全部内容了。柳三变沉浸在花间词派的香软细语之中无力抽身，这显然与父亲对他的期待背道而驰。

柳宜斥词为“艳科”，其态度的轻蔑可见一斑，当然，这也代表了大多数正统文人的看法。柳三变虽然认为词体还有很大空间可以开拓，甚至在将来可能与诗歌媲美，但他的想法仍是模糊的，他自己也无法确定词体未来的走向发展，面对在儒学占领绝对权威的柳门，他不敢冒犯父亲，所以，他尽量把自己对词曲的狂热收敛起来，专心应对学业。

的确，在现存《乐章集》中，收录柳三变在崇安的少作颇少，后人推测，一方面固然是因为少年柳三变作词的技艺还不精湛，另一方面，恐怕也与当时的家族环境相关。待到他后来摆脱了家族门风的枷锁束缚，凭借天才的灵感，在京城掀起词体革新的滔天巨浪时，那个记忆里的柳三变，才向我们缓缓走来。

第三节

才子佳人，少得当年双美

在少年柳三变成为大词人柳三变之前，的确是单纯向往，又耐心把玩着他的文字的。在《乐章集》中，保留了一首他写于崇安的词作，《巫山一段云》是他现存最早的词作：

六六真游洞，三三物外天。九班麟稳破非烟，何处按云轩？昨夜麻姑陪宴，又话蓬莱清浅。几回山脚弄云涛，仿佛见金鳌。

——《巫山一段云》

这如仙山道乡一般的地方，便是柳三变家乡附近的名胜武夷山。武夷山是道教名山，北宋道教昌盛，柳三变慕名游览，抒情感怀，再寻常不过。

在这首游仙诗中，他幻想自己正遨游于天庭，与美丽的麻姑一起，为王母祝寿。宴席上，麻姑讲起了人世的沧桑变化，他正喟然长叹，蓬莱岛的流水却变得又清又浅。麻姑感叹，自己在天上一日，人间却已过万年，生命在瞬间灰飞烟灭，富贵功名也不过沧海一粟。原来这世上，根本没有什么不朽与永恒，一切皆如过眼烟云，随风而散……柳三变突然惊醒，望见山脚的云海翻腾，仿佛一只金鳌在翻腾搅弄。

同是游山之作，比起早前的《题建宁中锋寺》，这首词多了些波云诡谲的想象，颇有李贺和韩愈的味道。难得的是，词中充满了对自由的向往，对永恒的追求，虽被寄托在缥缈的游仙世界里，但毕竟已经开始呈现出柳三变的特色，仿佛对山水情人之耳，吐尽绵绵相思意……

除却纵情山水诗词，柳三变的世界里还有一扇小小的门扉。

自随父亲回到崇安，直到十九岁离家前，自由漂泊的柳三变过上了相对安稳的时光。他不忘父辈的教诲，研习经典，苦读不辍，直至深夜，唯有一支明烛相伴。在他辞世后，白水村的乡民把柳宅附近的两座山命名为笔架山和蜡烛山，以纪念柳三变并勉励后人。

距离柳宅不远处还有一处溪流，人称“柳叶河”。每日清晨，雾气未散，柳三变就都在河边的一块大青石上，以水为墨，在平滑如镜的水面上练字，久而久之，石头上的青苔被愈磨愈光，还隐隐可见凹下的脚印痕迹。每逢婚丧娶嫁，乡民都会在这里向柳三变求副对联，人称“柳联”，那块大青石也被称为“磨砺石”。

这段时光无疑是曼妙的，山水为伴，理想可追，若再邂逅一段才子佳人的爱情，实乃三生之幸。

大约在十六到十九岁之间，在长辈的主持下，柳三变在故乡娶妻。史书中关于柳三变的记载凤毛麟角，其妻的故事更是难以寻到。因此，后人只能从柳三变的词作中，推测他与这个女子之间的情事。

这个与柳三变结合的神秘女子，竟然未能在他的浩瀚词海中留下芳名，或许是幸福来得太过迅疾，年轻的柳三变还不懂得向后世分享他的喜悦，或许真正的爱情本就不必言说，平淡的生活处处都有诗意，所谓“当时只道是寻常”，这个被柳三变词名包裹的女子，留给世人的，亦是美丽的侧影。

古人成婚讲求“门当户对”，柳家在崇安也算高门大族，再加上柳三变的两个兄长，三子早已名声在外，人称“柳氏三绝”。如此推断，这位女子也定不是寻常人家的女儿，即使不是钟鸣鼎食的贵族之家，也当是个贤良淑惠的大家闺秀。后人在柳三变的词作里，捕捉到了些许踪迹：

飞琼伴侣，偶别珠宫，未返神仙行缀。取次梳妆，寻常言语，有得几多姝丽。拟把名花比。恐旁人笑我，谈何容易。细思算、奇葩艳卉，惟是深红浅白而已。争如这多情，占得人间，千娇百媚。

须信画堂绣阁，皓月清风，忍把光阴轻弃。自古及今，佳人才子，少得当年双美。且恁相偎依。未消得、怜我多才多艺。愿妳妳、兰心蕙性，枕前言下，表余深意。为盟誓。今生断不孤鸳被。

——《玉女摇仙佩·佳人》

她许是偶别天宫的飞琼仙女，只是稍作梳妆，寻常言语，美轮美奂，无以比拟。其容颜之美好、姿态之妖娆，竟然令词人难以用恰切的字句形容。以花喻女子，是中国古典文学的常用手法，但词人却另辟蹊径，将“此花”置于“百花”之中，方知所谓奇葩艳卉，“百花”只是深红浅白而已，哪里比得上此花娇媚，简直是人间尤物。

清人沈谦在《填词杂说》中评论道：“大畏唐突，尤见温存。”这番细致而认真的掂量，道出词人心底最难以启齿的秘密。词章，如同一盘洁白无瑕的青花瓷器；文字，如同瓷器上甘洌冰凉的露水，在这之下，是词人滚烫郁勃的赤子之心。

看来，这段父母之命的婚姻对柳三变而言是弥足珍贵的，古今多少才子，因为媒妁之言、父母之命不可抵抗，而与心仪的佳人天涯相隔。幸运的柳三变不必接受这种悲剧，妻子温柔的臂弯承接了他所有关于春花秋月的幻想，那份喜悦犹如竹林中送来的一阵清风，吹得人每根汗毛都微微战栗。

新婚燕尔，携侣同行，这一份爱越深，词人也贪恋起世俗的美好，他们一同穿过画堂闺阁，一同读书习字舞文弄墨，夜观皓月当空，众星无语；梅子黄时，听雨打芭蕉声声碎；在竹林中来一盘伉俪棋语……佳人倾心词人的绝代风华，词人爱慕佳人的蕙心兰质。他们互相依偎，许着誓言，表着心意。

君生我亦生，何不与君老？这是多么美的约定。双手缠绕，岁月流转，一方心田从此不分你我。虽然再热烈的爱情，也会转变为平淡的亲情，但是生命中，总需要这样的时刻，为她倾心，为她执着，为她疯狂。倘若在最美的年华，遇见同样芳菲的你，便是老天对我们的眷顾罢。

“自古及今，佳人才子，少得当年双美。”在《玉女摇仙佩·佳人》里，柳三变第一次讲到了自己的推崇爱情观。那便是世间最完美的才子佳人式的爱情，郎才女貌，情投意合，遂结良缘。普天之下，还有比这更浪漫的邂逅吗？在他后来的诸多词篇中，都能体悟到他对这一份信念的追求和坚持。这种爱情观，正是对当时门户观念的反对，然而他并未意识到，自己这一桩美满的婚姻，正是他所反对的正统观念给予的。

此时的柳三变，羽翼尚未丰满，仍旧是封建家庭制度下的一只幼兽。虽然多年后羁旅在外的他常以浪漫不羁的性格自嘲，但在故乡崇安时，少年恐怕并没有能力捍卫他那才子佳人的美梦。

然而美梦就这样不期然在现实中呈现，词人如痴如醉。

满搦宫腰纤细。年纪方当笄岁。刚被风流沾惹，与合垂杨双髻。初学严妆，如描似削身材，怯雨羞云情意。举措多娇媚。

争奈心性，未会先怜佳婿。长是夜深，不肯便入鸳被。与解罗裳，盈盈背立银釭，却道你但先睡。

——《斗百花》

新婚妻子方当笄岁，如出水芙蓉，一尘不染，她梳着垂杨双髻，面色微红，立于窗下。遥遥看去，那纤细的腰肢，婀娜的身影，仿佛偶然离宫的仙女下凡，令人心生爱意。娇妻妩媚，但那种妩媚浑然天成，只是画了淡淡的眉，便清丽可人。夜已深，她却迟迟不肯睡下，背着夫婿宽衣解带，红色的蜡烛映照着她羞涩的脸，就像一幅仕女图般安静动人。

“闺房狎媟，不宜实说，而有本色描写，迹近诲淫者。”或许是柳三变的笔触太过细腻，才引起了后世学者如钱基博这些正统文人的不满，将其视为词界“大毒草”般的存在。其实古代写闺房之趣的诗词并不少，只是旁人多用旁敲侧击的含蕴之法，给读者以朦朦胧胧的美感，唯有柳三变，大胆地挑开那一层薄纱，营造着属于自己的感官世界。

沿着大多数人走过的路，柳三变读书、娶妻，他仿佛看见自己未来的轨迹，不过是科举及第，福荫子孙，待到耄耋之年，退隐归乡，安享晚年。沿着这条轨迹返回，此时他还是新婚的丈夫，刚刚体会到为人夫的甜蜜与责任，他深爱他的妻子，虽然年少的他还不曾经历过一场刻骨铭心的爱情，但是，每当夜阑人静时，他又能听见自己血液沸腾的声音，那声音指向远方……

第四节

系我一身心，负你千行泪

我们总是把目光望向远方，因为和无尽的远方相比，近在眼前的困窘被缩小成了不值一提的点，那些令我们心力交瘁的难题原来并不一定是需要克服的，我们还可以选择忘记。在陌生的地方，人们得到了重新开始的机会，这里没有人会知道我们那些难以启齿的过往，不管曾经的我们扮演过怎样失败的角色，在一个完全陌生的地方，我们会纯洁高尚得如婴儿一样。

对于现代人来说，远游更多的是改变一种生活的方式。但对于古人，尤其是初出茅庐的文人，在交通闭塞，传媒落后的年代，远游便成了一种不折不扣必须经历的修行。沿路的大好山河，民生风俗会在学子文人的胸中发酵，砥砺出书生意气、经纶远见，酝酿出每个文人独自特有的气韵。

从古至今，挥别故乡仗剑远游更是无数男儿实现自己豪情壮志的起始点。“年少峥嵘屈贾才，山川奇气曾钟此。君行吾为发浩歌，鲲鹏激浪从兹始。”男子汉大丈夫要胸怀壮志，不应流连光景，拘泥于儿女情长，心中应毫无牵挂，将广阔的宇宙尽揽于胸中。这是读书人自古树立的理念。从老子骑青牛南出函谷，孔子携门徒周游列国起始，几千年间的光阴流转，男儿志在四方的理念已深深印在了每一个读书人的脊髓中，变成了一道行为准则。至于父母“临行密密缝，意恐迟迟归”的牵挂，佳人“忽见陌头杨柳色，悔教夫婿觅封侯”的哀怨只不过是不得不做出的牺牲罢了。

谋求生计、追逐梦想、告别伤痛、逃避责任，我们有千百种理由挥别家乡。追逐功名虽然不是其中最崇高的一种，但无疑是古代无数学子迈出离家脚步的最大动力。宋真宗咸平四年（公元 1001 年），十八岁的柳三变在家乡通过了乡试，准备进京赶考。他将要告别的不只是读书十余载的家乡崇安，还有那个刚刚才信誓旦旦地与之承诺不离不弃的娇妻。

他与妻子柳氏刚刚成婚半载，正是如胶似漆之时，无数甜蜜的诺言才刚刚说出口便被现实击打得支离破碎。曾经许愿时越是情真意切，面对此时的分别就越是显得尴尬难耐，过往的诺言被尘封在了那些不经世事、你侬我侬的回忆中，被二人默契地不再提及，不管曾经的冲动留下的更多是温馨还是苦涩，生活还是要继续。

妻子默默整理着丈夫的行囊，把已经打包好的夏衣冬装一遍遍地展开重新检查，那些绵密的针脚耗费了比以往多数倍的棉线和红烛。分别前，总是有无数句叮嘱，她说着说着便成了让往日的老调重弹，有时候她说到一半怕夫君听得生厌，便会忽然停了话语，片刻之后又会忍不住拾起来。柳三变此时内心对妻子正满怀愧疚，自然不会显出半分不耐，他总会温柔地笑着拍拍柳氏的手，尽力消除妇人的忧虑。当然，二人总有心潮难平之时，那时他们索性绝了话语，无声无息地凝望着彼此。那些挽留她无法说出口，他更是无法做到，邂逅着这强颜欢笑下的隐隐作痛，他们的心底都翻起滔天巨浪，但面对彼此时，依旧平静地如一弯潭水。于是，一切尽归不言中，他们在情感的狂风暴雨中依偎着默默等待着时间来平复一切，努力忽视着那个越行越近的别离之期。

古时男子去远游博取功名，虽是光宗耀祖的大事，但对妻子来说却无疑是一种煎熬，她不仅要忍受相思的苦痛，要承受独自侍奉公婆的种种辛劳，并且还要为丈夫是否能保持忠贞而整日担惊受怕。

司马相如与卓文君的故事流传甚广也并无道理。昔日，卓文君仅凭一曲《凤求凰》就毅然决然挥别家门，与司马相如私奔结合。新婚的日子过得颇为寒酸辛苦，卓文君当垆卖酒以供夫君前往长安的路费，终于，司马相如决意前往长安求仕，临别前，卓文君再次嘱托，不可遗忘眼前人，但是司马相如一别六载，再无音信，卓文君于是作家书一份：

一别之后，两地相思，只说是三四月，又谁知五六年，七弦琴无心抚弹，八行书无信可传，九连环从中折断，十里长亭望眼欲穿，百相思、千系念，万般无奈把郎怨。万言千语说不完，百无聊赖十依栏，重九登高看孤雁，八月中秋月圆人不圆，七月半烧香秉烛问苍天，六月三伏天人人摇扇我心寒，五月石榴如火，偏遇冷雨浇花端，四月枇杷未黄，我欲对镜心意乱，急匆匆三月桃花随水转，飘零零二月风筝线儿断，噫！郎呀郎，巴不得下一世你做女我做男。

司马相如回了信：“一二三四五六七八九十百千万。”唯独少了“亿”字，卓文君接信之后明白了司马相如的意图，司马相如对自已经“无亿（意）”。这令她情何以堪。

柳氏就是在这样百感交集的心情下目送着丈夫的身影渐行

渐远，消失于道路的尽头。

届征途，携书剑，迢迢匹马东去。惨离怀，嗟少年易分难聚。佳人方恁缱绻，便忍分鸳侣。当媚景，算密意幽欢，尽成轻负。

此际寸肠万绪。惨愁颜、断魂无语。和泪眼、片时几番回顾。伤心脉脉谁诉。但黯然凝伫。暮烟寒雨。望秦楼何处。

——《鹊桥仙》

誓言是开在舌上的莲花，美丽却虚幻。人们总以为抓住了誓言，就把握了实质的结果，就像女子以为有了新婚，就能得到安全感一样，其结果大多是徒劳的。要的要、给的给之后，一切无法兑现之日，再美的花也谢了。

柳三变“今生断不孤鸳被”的盟誓已成了苍白的空谈，离别之日他已不敢也无颜再许诺些什么，只有把满腔的歉意、伤心尽付笔端。少年易分难聚，他只能把此刻的无能为力归咎于年少，却不知终其一生，他都背负不起爱情、婚姻的重量。

如果说此时的柳三变最笃定的事情，那就是他一定可以光耀门楣，完成父亲未能实现的高居庙堂的夙愿。此时的他壮志凌云，携书带剑，一心要把生平所学用于帝王家。自唐太宗继承隋朝旧制废九品中正开科举，试图把天下英才尽收麾下以来，无数士子便走上了这条看似光明却遍生荆棘的道路，他们中的许多人都从翩翩美少年蹉跎成了白首一老翁，耗尽毕生心血，却一事无成，但后来者犹如扑火飞蛾，乐此不疲。

每个人都认为自己会成为命运的宠儿，自觉有经世之才的柳七郎更是如此，他有大把韶华可供挥霍，一朝大鹏展翅，扶摇九万里的美景仿佛就在他的眼前。风华正茂的柳七就如参天白杨、茂林修竹，一心崇敬青云直上，却不料他“遑遑三十载，书剑两无成”的悲情历程也是从他踌躇满志踏上行程那一刻揭开了序幕。

未来在功名和爱情上的一败涂地究竟哪一个更令他痛心疾首暂且不谈，此刻最令他神伤的无疑是背后那个泪眼阑珊的女子。他扬鞭疾驰，急匆匆离开这处伤心之地，妻子别离时的愁颜深深印在他的脑海中。有什么比辜负了一个身心系于自己的女人更让人愧疚悲痛呢？直到暮色起，烟雨浓，他才勒马驻足，回首来路，曾经和妻子举案齐眉、相敬如宾生活的凤楼已然消失在浓浓暮色之后。可笑可悲的是，在追逐功名的道路上，他试图轻装上阵，最后落得个孑然一身，曾经不懂得珍惜眼前人，等到失去后才追悔莫及。

于是夹杂着有情与无情，伴随着希望和失望，挥别了家乡，挥别了深爱自己的妻子，柳三变开始了旅程。

第二章

烟花巷陌别样情

他像初尝蜜糖的孩子，在风月之地流连忘返，痛饮大醉，将自己彻底地放逐在此处。桃花扇底，美人起舞，醺醺然的柳三变仿佛又看见了幼年在苏州所见的奇妙场景。歌声轻柔，箜篌寂寥，他的折扇刻尽“风流”二字，醉在胭脂扣中，他似乎已经忘了来此地的初衷。

第一节

钱塘自古繁华

功名之路漫浩浩，自崇安至汴京，一路风光无限，上有天堂，下有苏杭，柳三变骑马换舟，民风淳朴的闽地被远远甩在身后，不日便抵达杭州。杭州，乃江南最富庶的地方，文人墨客、富商巨贾皆汇聚于此，此处风光无限又多风月之地，自然是骚客们驻足之处。

柳三变在杭州停驻，除了仰慕风光、寻访古迹之外，还有一个重要的原因，那便是干谒求仕。杭州乃江南重镇，达官贵人亦多居此处，柳三变若能干谒其中一二，获得赏识，他日科举及第，便不是难事。

初到杭州，他便领略到了“上有天堂，下有苏杭”的真谛。这个古老的南方城市处处散发着甜腻的气息，是新酿的米酒从乌篷船上飘荡出来，是贵族少女们唇上的胭脂撩人心魂，也是灯火阑珊的秦楼里琵琶跃动的曲调……一阵柳絮飞来，迷了他的双眼，吞吐着这种玫瑰似的气息，柳三变有些不知所措，柔情如此，词人怎能抗拒？

春花秋月，暮暮朝朝，父亲语重心长的祈愿，妻子盈盈盼归的眼神，终于在柳三变心里变成越来越小的黑点，最后就如一场春雨拂后，终究不留痕迹……

他像初尝蜜糖的孩子，在风月之地流连忘返，痛饮大醉，将自己彻底地放逐在此处。桃花扇底，美人起舞，醺醺然的柳三变仿佛又看见了幼年在苏州所见的奇妙场景。歌声轻柔，箜篌寂寥，美酒盛宴，柳三变的折扇刻尽“风流”二字，醉在胭脂扣中，他似乎已经忘了来此地的初衷。美人如画，停滞了他求取功名的脚步，若有爱人长相厮守，功名富贵也不过弹指之事。

东南形胜，三吴都会，钱塘自古繁华。烟柳画桥，风帘翠幕，参差十万人家。云树绕堤沙，怒涛卷霜雪，天堑无涯。市列珠玑，户盈罗绮，竞豪奢。

重湖叠巘清嘉。有三秋桂子，十里荷花。羌管弄晴，菱歌泛夜，嬉嬉钓叟莲娃。千骑拥高牙，乘醉听箫鼓，吟赏烟霞。异日图将好景，归去凤池夸。

——《望海潮》

这首词气势博大、力量非凡，成为书写杭州的千古绝唱。很难想象，如此大开大阔、直起直落的笔法出自柳三变这样的文弱书生笔下，若非心有坦荡气魄而不可得。区区数十字，就将杭州的地理位置、历史风貌、优美景色纳于笔中。“烟柳画桥，风帘翠幕，参差十万人家”，远远望去，这一处人烟阜盛，各式建筑鳞次栉比，檐牙错落，再将镜头移近，只见闹市繁华，户盈罗绮，熙熙攘攘；下阕笔锋一转，只见风和日丽，桂子飘香，荷花荡漾，钓叟莲娃泛舟于湖上，一派安宁祥和之景。

此时距宋太祖赵匡胤立国不过四十余年，华夏中原在经历五代十国的战火后，又一次在大一统帝国的统治下，开始新的复苏与繁荣。年轻的北宋王朝无疑是骄傲的，这是盛唐之后，九州大地再次以富庶和文明享誉世界。太祖立国之初，曾立下祖训“刑不上大夫”。于是，优待文人成为北宋统治者的惯例，在这一风气影响下，民众对文人普遍尊重，而文人亦多享乐无忧，所以才有“千骑拥高牙，乘醉听箫鼓，吟赏烟霞”的场景。

相传该词曲流传至金国，金主完颜亮听后，对大宋杭州的繁华奢靡大为羡慕，遂挥兵南下，意图灭宋夺城。为此，宋人谢驿还写了一首诗：“莫把杭州曲子讴，荷花十里桂三秋。岂知草木无情物，牵动长江万里愁。”当然，将战争视为如此儿戏，可见此说必为谣传，却也从侧面印证了这首词的影响力。

一曲《望海潮》，撩拨着无数人的江南大梦。湖山之美好，城市之富庶，吊起了路人的嘴角，有凌云之志的士子，将仕途作为归宿；风流倜傥的才子，将风月场作为温柔乡，柳三变两种心思兼而有之，所谓苏杭之梦，大梦无边。

而这阙词，亦是他走上仕途的第一块探脚石。

当时，杭州有一朝廷大员名叫孙何，柳三变曾慕名前去拜谒，奈何孙门戒严，非有名望之士不得相见。于是他创作此词，并携其相见江南名妓楚楚。楚楚姑娘虽为歌妓，但精通词律，颇有造诣，读罢《望海潮》，大喜，连声称赞。柳三变诚恳地说道："欲见孙相，恨无门路，若因府会，愿借朱唇歌于孙相公之前。若问谁为此词，但说柳七。"眼见才子致仕无门，楚楚姑娘欣然答应。

适值孙府中秋府会，楚楚应邀献舞一曲。在孙家丰盛豪华的宴席上，众多达官贵人为一睹楚楚容颜纷纷上前。丝竹声起，红烛袅袅，楚楚一袭红衣，在厅堂之上随风起舞，琵琶奏乐，朱唇轻启，一曲《望海潮》婉转悠扬，众人对她的舞姿如痴如醉，对所吟之歌，更是拍手叫绝。

舞毕唱罢，全场默然，仿佛沉浸在钱塘繁华中不愿抽离，许久，孙何问道："词曲为何人所作？"楚楚答道："崇安柳三变。”孙何大喜，身为当地官员的他，听到如此盛世之音，颇为得意，想到自己治理有方、政绩颇佳，竟有些飘飘然了。

南宋杨湜在《古今词话》记载了这件事的结局：“孙即日迎耆卿预坐。”于孙何而言，结识这样一位有才之士是光耀门府之事，于柳三变而言，则顺利走上了干谒投献的第一步，可谓皆大欢喜。

在这则故事里，后人亦采撷出了其他意味。分明是以投献干谒为目的颂词，在柳三变手中，不仅毫无阿谀奉承之丑态，反而写得潇潇洒洒，极尽风流。在他笔下，钱塘之地没有了香软浮靡的小家之态，却是大气磅礴而不失清秀之姿。由此可见，柳三变虽有意仕进，但也绝不是一味溜须拍马之徒。他有干谒之心，却不肯低下眉头，以至于后来屡屡碰壁，在这首词中即可端倪出一二。

古往今来，干谒之举，何不是士子们心头的矛盾？分别被冠以“诗仙”、“诗圣”美名的李白、杜甫，就是在干谒之途尝尽人间冷暖。他们左手敲打着王侯将相的朱门，右手又掂量着此举的得失，这欲罢不能的痛苦，非身处彼时而不能体会。

而那位起关键作用的楚楚姑娘，却是在柳三变生命中第一个留下名字的青楼女子。回想当日，才子柳三变还未成名，终日落魄于青楼，偶然结识此女，便得其欣然相助，是柳郎的才华吸引了她，抑或是天涯沦落之人的惺惺相惜感化了她？

孙何也被柳七的才华折服。据《宋史》记载，孙何“乐名教，勤接士类，后进之有词艺者，必为称扬”。这样以为爱惜才士的官员，在杭州的确对柳三变礼遇有加。真宗景德元年（公元 1004 年），孙何奉旨回京任职太常礼院，柳三变作词以赠别：

渐觉芳郊明媚，夜来膏雨，一洒尘埃。满目浅桃深杏，露染风裁。银塘静、鱼鳞簟展，烟岫翠、龟甲屏开。殷晴雷。云中鼓吹，游遍蓬莱。

徘徊。隼旟前后，三千珠履，十二金钗。雅俗熙熙，下车成宴尽春台。好雍容、东山妓女，堪笑傲、北海尊罍。且追陪。凤池归去，那更重来。

——《玉蝴蝶》

孙何或曾许诺，有朝一日待柳三变抵达汴京，定助他青云展翅，叱咤朝野。可惜的是，春来秋去，风雨飘摇，等来的却是一纸白蝴蝶——同年冬月，孙何在汴京病逝。

还未从孙何病逝的噩耗中解脱，柳三变又听见一桩京城奇闻：这一年，自幼聪慧的少年晏殊，得江南按抚张知白的力荐，以“神童”名入京殿试，一战成名，宋真宗对其刮目相看，赐同进士出身。

到底是江南的烟雨朦胧更令人迷醉，还是汴京的权力争夺更摄人心魄，柳三变心里，早有定夺。

第二节

绮罗丛里柳千花

中国历史上没有哪个时期的青楼盛况可以比肩柳三变所在的北宋。社会的安定和城市经济的发展浇灌出了不断扩大的市民阶层，他们对于声色和娱乐的追求推倒了城市的坊墙，建立起了一座座妓馆与酒楼，瓦市和茶坊。北宋的政治和经济中心汴京更是其中的翘楚，堪称当时世上最大的“风月场”。

据史籍记载，北宋汴京朱雀门外龙津桥西的院街，皆勾栏馆舍；朱雀门外东壁大街，直到保康门前多妓馆；旧曹门外过朱家桥，南北斜街多妓馆……像这样的市妓中心，京城里就有多处，其他的“幽坊小巷、燕馆歌楼”，则是“举之万数”。

下至升斗小民上到帝王将相，所有人都加入了这场延绵世纪的狂欢。他们在玉人曼妙的歌舞中流连光景，推杯换盏，放肆地发泄着自己的欲望，这里的迷狂堪比古希腊的酒神祭，淫靡毫不逊色于埃及艳后的宫殿，但由于仕人的参与，这个充斥着肉欲的场所被包裹上了醉眼看花、冷红泣露的伤感和诗意。

华灯初上，美酒佳筵之前，缠绵的音乐徐徐而起。妙龄的女郎头梳双螺髻，手执檀板，华烛半透，轻盈的绫罗下是如水的身段。她们双目含羞，面似桃花，纤纤玉足踏着红茵，刚舞完霓裳之舞，又有娇歌新词传情。娇娆意态不胜羞，愿倚郎肩永相著，三千美娇娘，蚀骨销魂。

历史总会在我们的想当然之外别有洞天，如果仔细考察，你会惊奇地发现，青楼女子在宋代所扮演的社会角色，其面目之多超出我们的认知。她们之中并不只有世人花费千金只为博得一笑的花魁，交友广阔、左右逢源的“交际花”，更有博古通今的名仕，温婉精工的词人，巧夺天工的艺术家等等。与她们联系的远不止“风月”二字，她们是宋代璀璨文化的一块不可或缺的基石。

不管是柳三变之前，竞逐繁华轻艳的花间词人，抑或是柳三变之后字、句、律无一不富丽精工的周美成，“念桥边红药，年年知为谁生”的白石道人，他们的笔触从未离开过这些市井中的奇女子。

《东皋杂录》中有这样一则记载：王定国被贬到岭南为官，其歌姬柔奴不顾穷乡僻壤的蛮风瘴雨，毅然要求陪同前往，一路伺候在王定国左右。等到元丰六年，王定国北归，宴请苏轼，席上让柔奴劝酒，东坡问其前尘：“广南风土，应是不好？”柔奴对答道：“此心安处，便是吾乡。”苏东坡为此感动不已，作《定风波》词赠之。不少如柔奴一样的妙人儿因为其情谊抑或风姿入词入画。

当然，如果提及宋代文人和群妓间的种种名词佳作、风流韵事，柳三变是我们无论如何也绕不过的人，他的一生与这些风尘中的女子们结下了不解之缘。

柳三变青楼生涯的第一幕掀开于他从崇安通往汴京的漫漫长路上，别离了故乡家人，一路的伤心寂寞唯有温柔乡里的笑语嫣然可以填补。辗转苏杭，洞庭湖上的画舫时时传来绕梁三尺的靡靡之声，乌衣巷里的油纸伞下是一张张动人心魄的姣好容颜，秦淮河的空气里氤氲着暖人的轻烟为古老的城市平添了不老的风情。

这里的杨柳也会曼舞，这里的空气也能醉人，老天在编织万丈红尘时在这里用了最浓的染料、最繁丽的手法、最荡漾的心情，一个别样的花花世界就这样跃然于落寞的年轻才子面前，静候着、喧嚣着、引诱着他驻足于此奉献出他的一切。但有别于那些好色之徒的轻佻，柳三变虽然也为千娇百媚而神迷，但他纤柔的内心更感受到了遮掩在这无边风月下的苦涩哀怨。

虽然青楼女子们常常与名士交往，把酒言欢的也多权贵，但这些都始终改变不了她们“奴婢贱人，律比畜产”的社会地位。在古代一夫一妻多妾的婚姻制度下，妾的地位十分低微，常常兼职着奴婢的工作，而许多名满大江南北的花魁名妓最好的归宿也不过是在豪门大族谋得一个妾的位置。尊重和认可只会出现在某些幸运儿身上，对于青楼女子中的大部分人来说，她们只是个供某人任意把玩、发泄欲望的玩物。

古龙说，天下有两种最古老的职业：一是青楼女子，一是杀手。这是两种最具“朝花夕拾”特性的职业，青楼女子不知道明天的恩客是谁，杀手也不知道明天的刀下之鬼是谁。他们都只是握在有心人手中的工具，需要之时，拿来便用，等到需求满足得到之后就弃之如敝屣。而笑傲红尘的杀手，尚且可以凭借“匹夫一怒，血溅五步”的玉碎，“十步杀一人，千里不留行”的武勇，嘲笑那些无用腐儒：“谁能书阁下，白首太玄经。”太史公尚且被他们的忠义和不为强权的气魄所打动而作《刺客列传》。而连自身的生死都无法掌握的青楼女子呢，她们无力抗争强暴的压迫，唯有默默承受。

杀手的忍辱偷生是为了有朝一日可以如烟花般璀璨的死去，而青楼女子只是为了卑贱地活着，这注定了她们不会被人铭记敬仰。她们自幼就要接受琴棋书画的专门训练，有着不逊色于士子的审美素养，广阔的交游开阔了她们的眼界，不论是依词唱曲还是接人待物都是游刃有余。但越是高超的才华，越是加重了她们命运的悲剧性，红颜薄命的来源自是如此，红颜祸水的构陷更是屡见不鲜。

那些招得乘龙快婿有情郎的故事不过是如宗教里那些善有善报、转世轮回的传说一样，只是这世态炎凉中的一剂麻沸散，帮助这些无助的人挨过这人生的漫漫长夜罢了，又有几个敢当真。现实里更多的是那些朝三暮四、巧舌如簧的负心郎。并且“身属乐籍，仪真过客如云，无时不开宴，望顷刻之适不可得”的青楼生活，又有几分闲时可以留给女儿家处理这些不可告人的心事呢。她们强颜欢笑下的苦闷哀伤，曼妙多姿的倩影里隐藏的疲惫的身躯又有谁能看到，有谁会在意呢？

正是由于见惯了寡情薄义的伪君子，柳七郎身上的真情厚意才显得格外珍贵，他所受到那样追捧是无可厚非的。“不愿君王召，愿得柳七叫；不愿千黄金，愿得柳七心；不愿神仙见，愿识柳七面。”

这是何等的赞誉和追捧。投桃报李，他的生花妙笔也确实可以尽态极妍，不仅尽得美人妙处，而且使歌妓一夜间声名鹊起，引得群芳纷纷亲持犀管，旋迭香笺，要索新词。

他写歌妓的容颜是：“抬粉面，韶容花光相妒，绛绡袖举”（《夜半乐·艳阳天气》）。写三千青丝是：“宝髻瑶簪，严妆巧，天然绿媚红深”（《瑞鹧鸪·宝髻瑶簪》）。写眉梢的春色是：“偶认旧识婵娟。翠眉开、娇横远岫”（《玉蝴蝶·误入平康小巷》）。写勾人的双眸是：“倾城巧笑如花面，恣雅态、明眸回美盼”（《洞仙歌·佳景留心惯》）。写她们妖娆的身姿是：“身材儿，早是妖娆，算风措，实难描”（《合欢带·身材儿》）。写吹弹可破的肌肤是：“一个肌肤浑似玉，更都来、占了千娇”（《合欢带·身材儿》）。写那些歌妓千姿百态的神情是：“天然俏，自来奸黠，最奇绝，是笑时，媚靥深深，百态千娇”（《小镇西·意中有个人》）。泼墨挥洒间游刃有余，把“有画难描雅态，无花可比”的芳容尽显笔端，道出了“倾国倾城，暂回眸，万人断肠”的千种风情。

柳三变对待青楼女子多了对于女性天然之美的赞叹欣赏，少了庸碌世俗的情色与亵玩。歌妓们在演唱柳词之时，她们的美好被熠熠生辉地映照了出来，那照出她们美丽倩影的镜子正是柳三变晶莹如水晶的心灵。

在这充斥着虚情假意、尔虞我诈的风月场，柳三变用一颗真心，道出了千古风流。

第三节

悠游帝里风光好

饱食了苏杭的脂粉，听尽了秦淮河上的吴歌西曲，温柔乡只是让才子踌躇却并没有削去年轻人的雄心壮志。柳三变准备再次上路了，幸好这次旅人的身后没有了依依不舍的双瞳，他可以走得轻松。每次启程，都是新的开始，不甘寂寞的心在休憩了片刻之后，又张开双翼飞向了远方，烟雨江南在身后模糊成一个难辨的印记，像是清水中晕开的墨滴。柳三变挥别了南方的锦绣山水，向着中原的腹地进发。

北宋汴京是当时当之无愧的政治、经济中心。公元 961 年，雄才大略的宋太祖赵匡胤通过“陈桥兵变”半推半就地把后周世宗柴荣的遗孤请下了皇位，拉开了三百多年赵宋王朝的序幕。

宋朝定都于汴京，也就是如今的开封。城市到赵家执掌天下时已是七朝古都，旧时的王朝气象伴随着赵家天子的锐意进取，又焕发了新的生机。

让我们暂且插上想象的翅膀，穿过千年的风霜雪雨，翱翔在北宋都城的高空：俯瞰辽阔的黄河中下游平原，宋代的黄河还是波涛滚滚，两岸是茂密葱郁的丛林，每当春日到来，火红灼人的桃夭会把广阔的原野装点得宛如锦缎。在河流的南部，高低起伏的太行山脉东南，伫立着一座生机勃勃的城市。

我们向着这座城市缓降，三层雄伟的围墙一层层护卫着城市的机要核心——皇帝的居所，它们如城市的骨骼，将庞大的城市分为外城、里城和宫城泾渭分明的三部分。外城的城墙还残留着新修的气息，颜色艳丽，包裹着它的是宽阔的护城河，在阳光的照射下仿佛给城市镶上了一圈银边，时不时还闪烁着光辉。四道穿越京城的河道犹如城市的动脉，大小的船只载满了粮食和土产在水道中川流不息，每一日都在为城市注入新的活力，不计其数的小支流遍布城市的各个角落，晶莹的河水又将城市划分成一个个不规则的片段。

一座座桥梁越河而生，自天空看去仿佛金缕玉衣之上的彩线。鳞次栉比的屋舍以千载未曾改变的御街作为中轴，朝着四面八方铺展开来。城市有十数个城门，每一个都是人来人往；

密集的行人伴随着车马，穿梭于大街小巷；坊市里的商家正指挥着小厮张灯结彩，挑着担子的货郎走街串巷兜售着货物，街口辘辘的车轮后追逐着嬉笑玩耍的顽童，他们聚散间拥拥攘攘地形成了生命的河流，在整座城市里周转不休。无论贩夫走卒，还是公子王孙，每一个人都在享受着升平治世的安逸。他们交错的欲望造就了这个喧嚣的时代。这些形形色色的身影交织在一起，把历数千载演进的华夏民族的文化，登峰造极于赵宋之世。这世纪的盛宴中自然少不了那个白衣翩翩的布衣卿相。

柳三变到了汴京，汴京迎来了柳三变。衣摆上还残存着绮罗丛中的清香，沿途的山水风物还未在脑海中停止翻涌，柳三变已迫不及待地站在这座雄伟的都城面前。这座把古老与青春合而为一的城市让这位来自武夷山脚下的他乡之人不禁睁大了双眼，他已领略过武夷山的奇秀险绝，也看便了江南的富庶繁华，但从未有一处地方让他这样心驰神往，目眩神迷。他已按捺不住内心的雀跃去参与到这座城市中，化身为这座城市的一部分。他要用自己手中的笔把此地的承平气象，形容曲尽。

拆桐花烂漫，乍疏雨、洗清明。正艳杏浇林，缃桃绣野，芳景如屏。倾城。尽寻胜去，骤雕鞍绀幰出郊垧。风暖繁弦脆管，万家竞奏新声。

盈盈。斗草踏青。人艳冶、递逢迎。向路傍往往，遗簪坠珥，珠翠纵横。欢情。对佳丽地，信金罍罄竭玉山倾。拚却明朝永日，画堂一枕春酲。

——《木兰花慢》

风尘仆仆的柳七郎步入汴京时正值清明，此时绵绵的雨幕下四野如市，汴梁城中的歌儿舞女步出了舞榭歌台，在盛开着烂漫桐花的芳树之下，或是有缃桃和艳杏相点缀的园囿中间，罗列杯盘，互相劝筹。柳三变的面前，不断经过的是携带着炊饼、鸡雏、名花、异果等各类土仪来踏青寻春的行人。在这格外的喧闹中的远游之人是否会突然感到格外的寂寞呢？

元旦、寒食、冬至是宋人最重视的三个节日。清明节与寒食节相连，在寒食节后的第三天，所谓“人间佳节重清明”，人们往往在这一日拜扫新坟，城市中的人们纷纷步入郊野。此时的行人都有亲朋陪伴，唯有孤单的七郎静静地驻马于喧闹的人群中，如一块寂寞的礁石分开涌动的潮水，他已不忍想象此时家乡的情景。

闹和静，冷和暖，它们往往相伴而生，就在柳三变心头微寒之时，阵阵清脆悦耳的管弦丝竹之声奏起了他未曾听过的新曲，迎面而来刮起了一股熏人的暖风，它使柳三变从寂寞伤春之中挣脱了出来。淅沥沥的小雨洗去了笼罩汴京的胭脂香，却带不走那浓情的源头。于是他收拾心情，调转马头，沿着乐曲跃动的踪迹向着暖风的来处寻去。

柳三变的旅途中美人总是比美景来的可贵，柳暗花明间，也许是美景衬托了美人的娇媚，也许是美人夺去了美景的妖冶，当采花斗草的少女嫣然一笑间露出她们的瓠犀般的贝齿；娇艳的歌姬摇曳着她们如细柳般的身段交往迎合，传递风情，一切美景都在美人之前失却了颜色。

柳三变好似步入了《红楼梦》里那片如梦似幻的仙境之中，随处可见遗簪坠珥尽情欢愉的痕迹，无数笑靥如花的佳丽让他沉醉了、迷失了，他随波逐流于幻境中不可自拔，抛却了功名利禄的烦恼，只在浅斟低唱中求个长醉不复醒。

“富丽天下无”的汴京对于柳词无异于芬芳的沃土，在这个地方，千载长青的中华文坛又蔓延出了一支茁壮的枝干。《四库全书总目》卷一九八《东坡词》提要称：“词自晚唐五代以来，以清切婉丽为宗，至柳三变而一变，如诗家之有白居易。”词本是源于配乐而歌的燕乐，自文人染指之后，词就走上了诗化与雅化的道路。

当某种事物脱离了大众而变为一小部分人的专属时，它往往会有失于偏颇，走向偏激。词大抵如此，当它成为只是士大夫消磨时光的婉转小令时，就被禁锢在士人的筵席和寝榻之间，失去了向前发展的动力。

柳三变自雅词之外开辟了词“骫骳从俗”的新境，他把汴京城里世俗的活力，滚滚红尘的五彩斑斓嫁接到了词的身上。词脱离了生涩的舞文弄墨，开始关注普通人的喜怒哀乐。这是开风气之先的一步壮举，自此，词开始天下咏之，宋词开始与唐诗一较长短。可以说，柳三变成就了赵宋一代之文学，苏东坡、辛稼轩等都受到了柳词的余荫。

柳词的新创也并非“天工”，汴京的青楼画阁、市井风情浸染着词人的根骨，把他从一个痴情少年变成了一个多情浪子，这个汇聚了万丈红尘最美好及最糟粕的地方用同样的方式精炼了词人手中的笔。只有在这座昂首挺立在世俗的巅峰，将当世最顶尖的经济、文化集于一身的城市才可以酝酿出有井水处必歌之、雅俗共赏的柳词。

几经周折，辗转流离后，柳三变和汴京开始结下不解的情缘，汴京吸引着他，改变着他，成就了他的一代词宗，同时又让他困惑，让他神伤。在此处，他失去的多于得到，落寞时多于欢颜。不过这些都是后话了，暂时都不重要，重要的是在烟雨朦胧的季节，他在最好的年华来到了最繁华的地方，不论结局如何，这都是个值得一说的故事。

第四节

痛饮，谁能惜醉

柳三变到达汴京后不久便成了一颗博得彩云竞相追逐的明星，年少轻狂的词人还不懂和氏美璧要宝光暗藏的道理，他肆无忌惮地散发着光辉，彰显着自己的才华。《醉翁谈录》丙集卷二记载："耆卿居京华，暇日遍游妓馆。所至，妓者爱其词名，能移宫换羽。一经品题，声价十倍。"叶梦得的《避暑录话》也记载了当时其受追捧的盛况："柳耆卿为举子时，多游狭邪，善为歌辞，教坊乐工每得新腔，必求永为辞，始行于世，于是声传一时。"

风流才子还未状元及第就已凭着他的词作名满京华，只不过为他的才华传诵的不是谈经论史的文人士子，而是乐工和歌妓的巧手与朱唇。其父柳宜希望他成为一个“望之俨然，即之也温，听其言也厉”的“三变”君子，但品尝了瓦肆勾栏里的温软、唇齿间尽余香甜，夫子乐道的清淡如水便如何也品不出滋味了。他只道，不得辜负了樽中美酒、玉盘珍馐，不敢消磨了美人的韶华。柳三变旁若无人地在一条条烟花巷中安步当车，渐行渐远于“正人君子”的康庄大道。

繁红嫩翠。艳阳景，妆点神州明媚。是处楼台，朱门院落，弦管新声腾沸。恣游人、无限驰骤，娇马车如水。竞寻芳选胜，归来向晚，起通衢近远，香尘细细。

太平世。少年时，忍把韶光轻弃。况有红妆，楚腰越艳，一笑千金何啻。向尊前、舞袖飘雪，歌响行云止。愿长绳、且把飞乌系。任好从容痛饮，谁能惜醉。

——《长寿乐》

柳三变初到汴京的岁月是荒唐且快乐的，但韶光往往易逝，好梦终究难圆。就如我们欣赏繁红嫩翠的艳阳景时总会担心江河日下万物凋零；感叹美人的朱颜时尤不能忘却一日春光尽，可怜白发生。时间不会为了我们任何人停止步伐，这是它最公正也最残忍的面目。

快乐的人生终究是短暂的，它会被时间匆匆超越，蒙尘于记忆的角落，接着会被我们无声无息地遗忘。你我所处之地，千百年间，有多少人在此悲欢离合，义气千秋。沧海桑田系于一瞬，日月千万次交错，到如今，只有寂寞的我们穷搜故纸，追究着飞鸿踏雪泥的残痕去试图证明他们中的某些人曾经存在过。

而我们呢？会不会在许多年后，也成为一个传说中的无名氏，在某页记载中空余一个不明意义的符号，抑或如许许多多普通人一样，已被世人遗忘。这样的问题已被千百次地提起过，却从没得出个答案，因为没有人可以超越时间，但它并非没有意义，这个对于时间梦幻的疑问本身已指向永恒。

“洛阳城东桃李花，飞来飞去落谁家？洛阳女儿好颜色，坐见落花长叹息：今年花落颜色改，明年花开复谁在！……古人无复洛城东，今人还对落花风。年年岁岁花相似，岁岁年年人不同……”（《代悲白头翁》）

相传刘希夷作得这首诗后，也为自己所为而震撼，惊为天人。这首诗之后被与他同为宫廷诗人的宋之问看到了，宋之问对“年年岁岁花相似，岁岁年年人不同”爱极，为了取悦武后而向他索要此联，被刘希夷拒绝，宋之问大怒，将刘希夷以土囊压杀。人们说，刘希夷之所以遭此灭顶之灾，是因为他的诗泄露了天机而遭了天谴。这是一种变相的对作者的肯定吧，毕竟这首诗美得好似不应出现在这世界上，也许真的是无垠的宇宙，缥缈的太虚，在某个时间点偶然与刘希夷相合，借他的手写下了这深邃醉人的谶言。

花落还有花开之日，可经历了花开花落的人，可有重新来过的机会吗？洛阳城里，采花的女子在桃树下彷徨着青春难留，生命就如那飘离枝头的花瓣，终逃不过零落成泥的伤逝。今日的半死白头翁，正是那当年的翩翩美少年。他也曾和公子王孙一同把酒言欢，就着飞舞的桃花轻歌曼舞；也曾在锦绣装点的池台里寻欢作乐，在雕楼画栋中安享华年。

可是转眼间，病了，老了，落魄了，无人再邀他三春行乐，那些曾经在春光融融里对他倾吐爱慕的容颜如今也已是满头华发，曾经芝兰桂苑的歌舞地如今已变成了寂寞无人的荒野，独余悲鸣的鸟儿。正值年少青葱的红颜子，请你怜惜暮气沉沉的家翁，正如怜惜迟暮的自己。

太阳底下无新事，生命就是一段又一段故事反复地上演，庆幸的是古老的世界对于每个个体都是一次全新的体验，悲哀的是不论如何告诫，我们每个人都会犯下前人犯过的错误。箴言写在纸上，读在口中，但只有经历过后，痛了，悟了，后悔了，才会转变成智慧融进生命里。难怪智者说，历经千载，人们的知识在不断积累，而智慧却并没有增长多少。

柳三变想必读过刘希夷这首天下传唱的《代悲白头翁》，也为作者巧夺天工的匠心而感叹。可他绝不会想到文中“翩翩美少年”与“半死白头翁”的诗谶会应了他颠沛流离的命运。宋家天子自立宋国之初就许下了与士大夫共治天下的诺言，对读书人都格外优渥，文人迎来了中国历史上最好的岁月。

年轻的柳三变毫不怀疑才高八斗的自己会在庙堂留下浓墨重彩的一笔，他不是为自己的际遇而忐忑，只因他天生一颗博爱多情的七窍玲珑之心，身边的美人、风光所有触动过他心灵的事物，都已成为他割舍不下的珍宝。

若干年后，故地重游，今日艳绝的美景又会留下几分呢？未受人世间风霜侵袭的词人，就连他的忧愁也是浪漫多情的。他要用腰间的长绳，把那天空中疾驰的金乌拴住，以使春光永驻。在一场酩酊大醉中把这注定不能长久又不忍轻弃的韶光尽收于胸怀之中。

说到用醉来应对世间的不如意，有一人定是胜柳三变一筹的。记载着魏晋名士风流的《世说新语》中有一篇这样写道：

“刘伶病酒，渴甚，从妇求酒。妇捐酒毁器，涕泣谏曰：‘君饮太过，非摄生之道，必宜断之。’伶曰：‘甚善，我不能自禁，唯当祝鬼神自誓断之耳！便可具酒肉。’妇曰：‘敬闻命。’供酒肉于神前，请伶祝示。伶跪而祝曰：‘天生刘伶，以酒为名，一饮一斛，五斗解酲。妇人之言，慎不可听！’便引酒进肉，隗然已醉矣。”

“刘伶恒纵酒放达，或脱衣裸形在屋中。人见讥之，伶曰：‘我以天地为栋宇，屋室为裈衣。诸君何为入我裈中？’”

同样是不拘于众人的目光，刘伶则显得更加放荡不羁，人生匆匆天地间，又何苦在金钱和权力的漩涡中苦苦挣扎？就算手中执掌着割鹿刀，腰间系着聚宝盆，若内心不称意自在，也是荒废了这宝贵的生命。

这世间大多数人都不如一个举杯对月、摊衣而歌的醉翁来的快活。无数人总是佩戴着他人目光的枷锁，一辈子颤颤巍巍踩着前人留下的足迹前进，循规蹈矩，不敢逾越一步，再广阔的天地对他们而言也只是牢笼的布景。他们胆怯却狂妄，不肯探索崎岖山路间的奇花异草，不敢停留在雨幕中等待彩虹，却对异途的旅人说三道四，妄图树立海内皆准的“规则”。总有追逐自由的人我行我素，对这些陈规陋习嗤之以鼻，如今看来他们的行止都有着别样的魅力。这些不甘寂寞的寂寞之人，如刘伶，如柳三变。

刘伶的醉是敌不过乱世的悲凉，在纵酒放诞中寻得老庄的清净，逃脱世俗的藩篱。而柳三变之醉是放不下京华的烟雨，为太平盛世而醉，为花间情事而醉，为晓风霁月而醉。不似落寞伤悲之人用酒来避世，他借着蒸腾的酒气热情地拥抱着这个花花世界。

人生苦短，若虚度了年华，则短暂的人生就又显得太长了。不管他人如何评价初到汴京的柳三变这段醉生梦死的岁月，既然他还在为了时间的飞驰而苦恼，这段美人、名花、美酒相伴的生涯就不能被称为虚度吧。

第三章

羁旅生涯峥嵘路

行走在青春的边缘，有人怅惘，有人哀叹，有人潇洒地对过去挥手作别，有人苦心经营着如烟往事，千百年来，多少文人骚客在青春面前驻足，如空谷遇幽兰，却又渐行渐远，空留一声声永恒的文字盛宴。

第一节

落花流水皆旧梦

柳三变在汴京的生活如鱼得水，快哉快哉。日子就如同护城河边初绿的杨柳，刚刚舒展开她娇弱的嫩叶，阳光便迫不及待地卧了上来。美人如花，柳三变就在这万紫千红中享受着时代的富饶和文人的风流。他正值青春年华，贪玩的心性还未磨灭，对未来日程也没有周密计划。

他太年轻，还不懂得时间的珍贵，距离科考还有几日，成竹在胸的他仍将大把时间挥霍在舞姬歌女身上；他虽饱读诗书，但历史上那些惊心动魄的朝野倾轧之事似乎还离他很远很远，至于那遥远的故乡崇安，也只是偶尔才在他的梦中浮现。

然而，命运全然不顾浪子的懵懂无知，就在柳三变滞留汴京游山玩水的时候，从崇安快马加鞭传来的一纸家书击碎了他的幻境——妻丧速归。白纸黑字，甚至还有泪珠滚落、字迹晕开的痕迹。一纸家书，柳三变紧紧捏在手中，这才发现，“故乡”已经成为别人诗句里朝思暮想的对象了，崇安的一切，于他而言，似乎是一个缥缈的梦境，而梦中那仙女似的妻子，还在喃喃低语，盼得郎君一朝及第，荣归故里……

可是，诺言禁不住时光的冲刷，转眼便成谎言。

他游山玩水，颠倒红尘，早就乐不思蜀，偶尔泛起的对父母期望的愧疚之情，也在浓情蜜意的美酒中渐渐稀释。觥筹交错，丝竹悦耳，游戏人间的浪子态度也让他忘了男儿责任为何物。这一回，悲伤来得太过迅疾，他还大梦未醒，人事变故就将他打回现实。

人世还很长，结发夫妻的缘分却已到尽头。汴京虽繁华，毕竟不是落叶归根之地，柳三变匆匆收拾行囊，此时此刻，那种漫天的痛苦才一点点向他袭来。他明白，从汴京到崇安，快马加鞭亦需十天半月，彼时妻子早已入土，见到的恐怕也只是一抔黄土。但他别无所求，只盼妻子“入土为安”，这趟归来，既是告慰妻子的亡灵，也是安抚他满腹的愧疚之心。

乘车换舟，归心似箭，柳三变快马加鞭，一路南下，终于到了崇安县城，可是，越靠近崇安的城门，步伐就愈加缓慢，心情也愈加沉重。离家数载，京城的纸醉金迷早使他的灵魂飘起，无所依靠，只有在崇安，时光在这里仿佛放慢脚步，白墙黑瓦，黄发垂髫，萌童稚嫩的读书声在耳边回响，一如多年前他出发时的模样。

一切都那么静谧，老者垂手与他招呼，安慰他不必太过伤心，亲朋好友也将他团团围住，告诉他妻子后事的诸多安排，叫他不必亲自操劳。柳三变一边点头应允，一边推门入室，门扉开启的那一刻，妻子的遗物顿时跃入眼帘：那一盒胭脂，是他赶到附近的城镇特意为她购买；那一只发簪，是他在杭州托友人所带；还有那一卷诗集，是他生平最爱，想必妻子爱屋及乌，不舍放回吧……

想起分别时的场景，一切皆恍如昨日。她立在城门前的岔路口，送别去京城参加省试的丈夫。迎接时有多快乐，送别时就有多痛苦，她不想让丈夫看见自己的留恋与痛苦，便强颜欢笑，在萧萧寒风中颤抖如秋天的落叶。那时，柳三变狠下心肠，调转马头，顷刻间就将故乡甩在身后。而他不知道的是，在他调转马头的那一刻，妻子的泪库就已崩毁，再也无法强忍那离别的哀伤。

君生我亦生，何不与君老？

是夜，柳三变大醉，趁着月色，提笔挥毫，著词一首：

花谢水流倏忽，嗟年少光阴。有天然、蕙质兰心。美韶容、何啻值千金。便因甚、翠弱红衰，缠绵香体，都不胜任。算神仙、五色灵丹无验，中路委瓶簪。

人悄悄，夜沈沈。闭香闺、永弃鸳衾。想娇魂媚魄非远，纵洪都方士也难寻。最苦是、好景良天，尊前歌笑，空想遗音。望断处，杳杳巫峰十二，千古暮云深。

——《离别难》

这是柳三变为妻子写的悼词。从崇安到杭州，从杭州到汴京，柳三变逐花问蝶，写过许多词章，无不是街头巷尾、茶馆酒肆、青楼妓院处处有人吟唱。那一篇篇佳作中，少有几篇是写给结发妻子的，这篇《离别难》便是其中之一。从相遇到相知，从相知到相守，从相守到相离，而后，是相忘于灯红酒绿中。再有心为她填词时，已是天涯两端，阴阳相隔。

落花流水，南柯一梦，当柳三变尽享繁华之时，病中的妻子早已形销骨立，家人想在她离世之前唤他回来，她却执拗地拒绝，省试即将开考，她不愿影响那"腹有诗书气自华"的夫君的前途。时光摧残着她的思念，也毁灭着她的心愿，世事如此难料，谁曾想过疾病会向这样一个娇弱的女子伸出魔爪。她与柳郎的缘分，淡淡交汇，互不留下印记。

柳三变也是第一次感受到光阴的切肤之痛，发妻之病故在他心里变成一个小小晶核，撕扯着他敏感的心脏。岁月在一杯杯浓酒中飘然远去，他亦是刚回头，就看见往日的青春岁月渐渐泛黄。他所引以为傲的年轻，也随着心脏的衰老而逐渐钝化，世人只道他风流成性，又有谁知他心中的苦痛?

千古悼亡诗中，元稹有诗云：“曾经沧海难为水，除却巫山不是云。取次花丛懒回顾，半缘修道半缘君。”那兰心蕙质、面容姣好的女子，拖着病躯倚立良久，终不见良人归来。一片凄风苦雨夹着秋日的枯叶簌簌落下，神仙方术也束手无策，五色灵丹也无济于事。

简单几句，却寄托着词人那无言的伤痛。背着悔恨交加的情绪，柳三变拖着疲惫的身躯，踉踉跄跄前行。暗夜沉沉，寒风呼啸，香闺内一片死寂，往日的欢声笑语犹如梦境，鸳鸯瓦冷霜华重，翡翠衾寒谁与共？温热的肌肤化作冰冷的被角，他辗转难眠。蓦然想起，新婚时许下的“今生断不孤鸳被”竟成空言，或者是一种诅咒——妄想占有天长地久，如同捕风捉影，提篮打水，终不过一场空。

世间情缘，大抵走不出“空想”二字，因为空想，方有力气追逐；因为空想，方知爱情总是昙花一现。

昔日有楚怀王梦游巫山，邂逅巫山神女。怀王梦醒，神女消逝，在幽深暗远的巫山里，神女“旦为朝云，暮为行雨”，忽然间消失，难以追寻捉摸。楚王怅惘良久，遂令文臣作《神女赋》。柳三变此处将妻子比作“神女”，既是赞美她有神女的身姿面容，亦是在感叹从此以后芳踪难觅。

死亡，人世间最长的河流，此岸是绝代风华的青春年少，彼岸是枯萎飘零的茫茫人生，河流之中，那奔腾不息是功名，是理想，亦是爱情。相爱之人隔岸相望，嘴唇也无法勾勒出昔日的柔情蜜意，唯有悼词一首，以度思念。

留不得。光阴催促，奈芳兰歇，好花谢，惟顷刻。彩云易散琉璃脆，验前事端的。

风月夜，几处前踪旧迹。忍思忆。这回望断，永作终天隔。向仙岛，归冥路，两无消息。

——《秋蕊香引》

坟茔的新土渐渐暗淡，妻子的骨殖滋润了来年春天的野草。逝去的早已逝去，柳三变在坟头沉默良久，最后一次，将一碗女儿红浇在土中，三叩首，转身离开。爱情如梦，思念如梦，但总有梦醒的一天，现实的战鼓已经打响，容不得他半点耽误，悲伤的柳三变怀着妻子的遗愿重新上路。

汴京在召唤，功名在召唤，梦想在召唤。妻子已逝，这一次离开，他不必再面对那一双盈盈泪眼，也不必为自己内心的矛盾纠结不休。只是，调转马头时，心里却落寞万分，父母的鬓角开始斑白，他也已不再是十九岁的少年，只顾看前面的路，二十四岁的柳三变已经懂得回首。远处，金鹅峰傲然挺立，紫气盈天，他闭上双眼，一记快鞭，再次离开了家乡崇安。

第二节

辗转求第路

死亡，让柳三变成长，也埋葬了他的年少轻狂。抵达汴京之后，他暂时收敛了往日的风流倜傥，开始谋划自己的仕途未来，不久，朝野上发生了一桩大事。

在古代，每逢太平之年或天降祥瑞，皇帝感恩于上天的眷顾恩德，会举行声势浩大的祭祀大典。扯落了为民祈福的道德幌子，祭祀大典不过是帝王证明自己是天之骄子的权威仪式。

与五代乱世相比，宋初至真宗时期，可谓政通人和，天下太平，再加上那一年风调雨顺的天时相助，据《续资治通鉴》记载，景德四年（公元 1007 年），境内“诸路皆言大稔”，四海俱获丰收，天地间弥漫着一片祥和喜气。但是，三年前缔结的澶渊之盟如鲠在喉，宋真宗每每想及此，眉头就不禁微微皱起。

为了用更伟大的祥瑞显示自己乃真龙天子，大中祥符元年（公元1008年），在朝臣的曲意逢迎与联合表演帮衬下，宋真宗称有“天书”降于承天门。《宋史·真宗本纪》记载：“大中祥符元年春正月乙丑，有黄帛曳左承天门南鸱尾上，守门卒涂荣告，有司以闻。上召群臣拜迎于朝元殿启封，号称天书。丁卯，紫云见，如龙凤覆宫殿。”

“天书”上有黄字盛赞真宗是至孝至道之君，称赵宋王朝江山必可流传万代，于是举国庆贺。到了这年六月，“天书”再次降于泰山醴泉北，宋真宗随后在泰山封禅，以最盛大的方式昭告天下：这旷古难见的大吉之事之所以出现在本朝，是因为君明臣贤、政治清明，才得神祇庇佑。一时间，朝野上下“争奏祥瑞，竞献赞颂”。

面对这场举国欢庆的盛世，柳三变亦不能充耳不闻，这首《巫山一段云》便是他对这一盛事的称颂：

琪树罗三殿，金龙抱九关。上清真籍总群仙，朝拜五云间。

昨夜紫微诏下，急唤天书使者。令赍瑶检降彤霞，重到汉皇家。

——《巫山一段云》

晋代孙绰的《游天台山赋》中有“建木灭景于千寻，琪树璀璨而垂珠”，琪树就是神话传说中的天宫玉树，上有明珠高悬，光辉熠熠。柳七落笔就先把如幻仙境铺陈在纸上：在五色祥云缭绕、璀璨玉树环抱的仙境里，金色巨龙守护着九重天门，潇洒俊逸的神仙宽袍广袖，在上清仙境里缓缓踱步。

对于世间是否真有祥瑞之事，人人心中自有定夺，但在那个迷信而专制的时代，柳三变和大多数人一样，对祥瑞之事极尽夸张，大唱赞歌以献皇帝，他还有一篇同词牌作品，写的是大中祥符三年的“河清”之事，古人有云：“黄河清，圣人出。”

那年，陕州官员连连奏报“黄河水清”，时任集贤校理的晏殊献上《河清颂》，歌颂升平。彼时柳三变还是无名之卒，词作也不大可能流传到皇帝手中，但他还是抱着莫大热情再次创作了赞词。

阆苑年华永，嬉游别是情。人间三度见河清，一番碧桃成。

金母忍将轻摘，留宴鳌峰真客。红狵闲卧吠斜阳，方朔敢偷尝。

——《巫山一段云》

这首词，唯有“人间三度见河清”一句与现实关联，其他的都是在描写虚无之境与缥缈之事，但仙风道骨的况味缓缓铺陈开去，与柳词中占了绝大部分的咏妓词相比，显得别有风味。

清代李调元在《雨村词话》中说：“诗有游仙，词亦有游仙。人皆谓柳三变《乐章集》工于闱帐淫媟之语，羁旅悲怨之辞。然集《巫山一段云》词，工于游仙，又飘飘有凌云之意，人所未知。”从这段评论可见，李调元既欣赏柳三变游仙词中飘逸骏达的风范，又敏锐地嗅出了他的凌云之志。

与早期的投献词《望海潮》相比，柳三变在这一段时间的创作的确有急功近利、高唱赞歌的嫌疑。那一年，天下太平无事，文武官员皆携妓远游，享乐天下，这个盛世撩拨着柳三变的心，尤其当他发现与自己年龄相仿的年轻士子已经逐渐登上权力舞台时，他的确有些着急了。他渴望有朝一日，朝廷能听见他的才名，不负他十年寒窗苦读。

“曾经”二字，是许多人心头难以抹去的伤痛，“物是人非事事休”的憾恨并非每个人都能承受，每一粒回忆的灰尘，重若山岚。昔日在河边以水练字的少年，再也无法重温那一段美丽的姻缘，他虽有上穷碧落下黄泉之心，但逝去的终已逝去，留不住的，只能藏在心里。

一段时间的悲伤，亦是一段时间的沉淀，当柳三变重回风月场时，少了一份轻浮，多了一丝稳重。这时的他，已不是因为风流与寂寞在心中作祟才流连花丛，而是因为心中的那一点空白格需要有人来书写，不是以美酒佳肴，不是以红烛罗衣，而是以一颗真心，谁愿捧一颗真心而来？柳三变也没有答案。

尤红殢翠。近日来、陡把狂心牵系。罗绮丛中，笙歌筵上，有个人人可意。解严妆巧笑，取次言谈成娇媚。知几度、密约秦楼尽醉。仍携手，眷恋香衾绣被。

情渐美。算好把、夕雨朝云相继。便是仙禁春深，御炉香袅，临轩亲试。对天颜咫尺，定然魁甲登高第。待恁时、等著回来贺喜。好生地。剩与我儿利市。

——《长寿乐》

他在一次宴席上认识了这一佳人。宋代文人雅士酒会不断，酒会宴席自是他们畅谈天下、饮酒作乐的最佳场所。文人自古风流，每一位才士心里都住着关于红袖添香的梦，文人的宴席，是男人寻花问草的场合，更是舞姬歌女争奇斗艳的舞台，若能得一知心恋人，天涯相逢又有何妨？

文人们畅谈国事，斗酒斗诗，于醉眼朦胧之际，斜睨着对面的歌舞少女，那眼神轻飘飘、虚晃晃，却总能准确落在他们心仪的女子身上。女子见状，回报以羞涩的笑靥，舞步蹁跹，歌声香甜，唱的正是时下流行的五代旧词，女子看似心无旁骛地认真表演，其实早已心猿意马，把或羞涩或挑逗的目光投到心仪的男人面前。

烛光跳跃，眼角朦胧，恍惚间周围一切都失了声，其间人影晃动，觥筹交错。一位身着红衣的清丽女子自顾自地弹着琵琶，她笑看眼前一切，露出意味深长的微笑，那笑仿佛穿越时空而来，静静地落在柳三变身上。

对这位女子，柳三变用了“可意”二字来形容，所谓“可意”，用今天的话来说，就是符合心意，但所谓“千金难买心头好”，这世间最难的感情，恐怕就是“可意”二字。

她善梳妆打扮，淡妆浓抹总相宜，清新时如邻家尚未出阁的少女，香艳时则如含苞欲放的新婚少妇。她只要一笑，就如飞鸟掠过柳三变那平静的心湖，波澜壮阔，却又波澜不惊。她那一双眼睛，仿佛秋水剪瞳，看似宁静如古潭，实则装满了人生沧桑的历练。逢场作戏，或是她的拿手好戏，在歌楼卖唱为生，她自有难言的隐痛，在见到一袭白衣的柳三变之后，芳心便有所属。

那女子，便是在柳三变词中留下芳名的虫娘。

“近日来、陡把狂心牵系”，浪荡的才子终于肯为这个女子牵住狂心，他们相约秦楼，把酒言欢，互谈心事，两情相悦。柳三变或许谈到了不日即将举行的省试，表明自己欲一鸣惊人的鸿鹄之志，虫娘或许并不在意眼前这个男子是否能一朝及第，荣登仕途，她依偎在他怀里，不过希望他能在她身边久伫而已。

“便是仙禁春深，御炉香袅，临轩亲试。”寥寥十四字，却含义颇丰。事实上，柳三变此时仍是举人身份，只有通过了省试获得进士身份，方有资格进入殿试，由皇帝亲自监考选拔。柳三变直接略过省试不提，遥想自己已经坐在殿试的皇宫里，这是何等自信！又是何等狂妄！

真宗大中祥符二年（公元1009年），二十六岁的柳三变第一次在汴京考试。多少文人，就如此刻的柳三变，踌躇满志地上了考场，十年寒窗只为那一日，然而，柳三变却最终落第。二十六年翘首以盼，却落得个竹篮打水，镜花水月。是柳三变无才吗？非也。怕是他并不是输在无才，而是因为“无德”。

据《宋史·真宗本纪》记载，在这年正月，也就是春闱开始之前，真宗下了一道诏令：“读非圣之书及属辞浮靡者，皆严谴之。”所谓“圣书”，无非是圣贤所著，以教人“六德”——

智、仁、圣、义、忠、和为目的。宋代儒学大盛，在这一背景下，非圣之书仿佛毒蛇猛兽，简直会坏人心肠。

柳三变或许在策论中还能把自己束缚在四书五经的范畴内，但“属辞浮靡”却不是能够随意控制的。便是在这首述深情、表志向的《长寿乐》里，也可看出柳三变的“浮”。

将如此庄重严肃的科举考试视如儿戏，让柳三变第一次尝到了命运之无情的滋味。

第三节

名落孙山拟疏狂

狷介如柳三变，以风流倜傥的生活风格闻名于世，他虽有满腹经纶和报国之心，但在宋真宗“严谴之”的诏令下，自然没有哪位考官敢贸然相中他，落第，也是情理之中的事了。

这场在外人看来胜负已定的科举考试，只有柳三变一人被蒙在鼓里。他还在幻想通过省试之后，如何在殿试上一举夺魁，将名利与美色揽入怀中，幻想着崇安故人艳羡的眼神，父亲高高扬起的嘴角，还有妻子黄泉有知的欣慰……落第，这样的结局对他而言，就像一根刺，狠狠地刺在他的心头。

科举之路漫长而艰辛，省试之时，他就看见许多已进入耄耋之年的老者，拖着不堪一击的身躯，颤颤巍巍地向考场走去。

而考官似乎已经对此司空见惯，对这些老贡生甚是鄙薄。那一刻的震撼，深深刺激了柳三变的心，倘若不能早日及第，沦落如同这些老者，那他宁愿回家乡守一亩薄田，落得个清静无为。

年轻，已然是他最大的资本。他总是这样安慰自己，那个狂妄落魄的柳三变已经离他而去，他还有时间，而时间是成长中最不可或缺的催熟剂。他像一个从高空俯视自己的智者，看见自己在山峦间徘徊游荡，当费尽千辛万苦翻山越岭而来时，面前的高山只会更加陡峭，如此往复，没有尽头。既然没有尽头，为何不将错就错，欣赏沿途风景呢？

悲剧从来不是一个人的悲剧，命运总是将许多人玩弄于股掌之间。好在他还年轻，一次挫败只会让他更加成熟，失魂落魄的时刻已经过去，独舔伤疤的落寞已经消散。青春，此时宛如从他心底里升起的红日，照耀着漫漫前路，他还有许多机会，把失去的都放回自己的行囊之中。

帝里疏散，数载酒萦花系，九陌狂游。良景对珍筵恼，佳人自有风流。劝琼瓯。绛唇启、歌发清幽。被举措、艺足才高，在处别得艳姬留。

浮名利，拟拚休。是非莫挂心头。富贵岂由人，时会高志须酬。莫闲愁。共绿蚁、红粉相尤。向绣幄，醉倚芳姿睡，算除此外何求。

——《如鱼水》

这首词作于柳三变省试落第之后，内容看似浮艳，其实主旨无关风月。

在汴京停停走走，转眼数年时光都被抛掷在此处，留恋花草，于是狂游于街巷之中，虽有良辰美景，佳人相伴，心中却是有莫名的烦忧。在秦楼，自己的才华被赞美、被崇拜，更有佳人为此倾心。不论走在哪里，“艺足才高”就像耀眼的光环笼罩在他身上，照耀着多少歌女舞姬的才子梦。

“浮名利，拟拚休。”这像一种高傲的独白，又像智者大彻大悟的感触，功名利禄，世人忙忙碌碌所追求的一切，不过徒劳。富贵岂是人自己可以把握的？世间烦忧这么多，不如一杯绿蚁新酒，不醉不归。红尘享乐，虽然历来被人鄙薄，但在柳三变心里，却是“算除此外何求”。

这一条路，柳三变走得很辛苦，但他并不孤独。试想漫漫黑夜，倘若独自赶路，虽是康庄大道，亦难免心生畏惧，但若一路有佳人相伴，将红袖添香的幻想变作真实，寂寞的阴影便无法遮住词人前进的脚步了。

在柳三变身边，的确有这样一个女子，在他失魂落魄的时刻守护在他身后，用温柔抚慰那颗年轻而倔强的灵魂。邂逅此君，三生有幸，女子爱上的，是他的才华与情怀，而非那颗跃跃欲试的功名之心，纵使他被命运无情地摔落在崖底，她也会用柔弱的双手将他拉回。

这个女子，便是与柳三变相识不久的虫娘。

虫娘举措皆温润，每到婆娑偏恃俊。香檀敲缓玉纤迟，画鼓声催莲步紧。

贪为顾盼夸风韵，往往曲终情未尽。坐中年少暗消魂，争问青鸾家远近。

——《木兰花》

在柳三变为虫娘写的曲词中，这首《木兰花》是最能描摹出她的姿态的。虫娘的一举一动，在柳三变看来都温润得恰到好处，无论是浓妆还是淡抹，虫娘都美艳如冬日的蜡梅，淡月疏梅，美人独立，俄而一声，大梦初醒。虫娘精通音乐，纤纤玉指，通透如葱，琵琶箜篌，在她手中婉转悦耳，一曲弹毕，许多人犹在梦中，不愿苏醒。曹植的《洛神赋》有云："髣髴兮若轻云之蔽月，飘飖兮若流风之回雪。"用来形容虫娘，恐怕并不为过。

虫娘的风情，将在座的少年们迷得神魂颠倒，纷纷上前去打听她的住处。然而她早已心有所属，与柳三变那相视一笑，未被众人捕捉到。看着心爱的女子被众人所迷醉，柳三变心里也泛出复杂的感情，那里面有一个男人的骄傲，却含有少许的醋意。他虽明知，青楼女子，固然以讨客人欢心为目的，虫娘似有似无的撩拨之意，也许是生存的无奈之举，但他仍旧希望自己可以独有她，将她安静地收藏。

听红颜唱弹一曲，那一刻，时光仿佛在指尖凝固，什么功名利禄，什么科举及第，都被消释地无影无踪。名落孙山、无人赏识的痛苦在这世间又算得了什么？如果他耗尽一生所追求的，不过是青灯美人相伴，那么既然已经拥有，又何必费力去追寻？

如果遇见一个女子，能令你痛苦万分，又能令你欣喜若狂，那么，请你务必珍惜。人海茫茫，能遇见便是缘分，她是你的枷锁，也是你的太阳，如果你愿意被她主宰，为何不轰轰烈烈爱一场？

柳三变的确爱得如痴如醉，为虫娘写的词章一篇又一篇在笔下流淌，写下的不仅是一纸温柔，更是一纸期望，一纸时光。

小楼深巷狂游遍，罗绮成丛。就中堪人属意，最是虫虫。有画难描雅态，无花可比芳容。几回饮散良宵永，鸳被暖、凤枕香浓。算得人间天上，惟有两心同。

近来云雨忽西东。诮恼损情悰，纵然偷期暗会，长是匆匆。争似和鸣偕老，免教敛翠啼红。眼前时、暂疏欢宴，盟言在、更莫忡忡。待作真个宅院，方信有初终。

——《集贤宾》

雅欢幽会，良辰可惜虚抛掷。每追念、狂踪旧迹。长祗恁、愁闷朝夕。凭谁去、花衢觅。细说此中端的。道向我、转觉厌厌，役梦劳魂苦相忆。

须知最有，风前月下，心事始终难得。但愿我、虫虫心下，把人看待，长似初相识。况渐逢春色。便是有、举场消息。待这回、好好怜伊，更不轻离拆。

——《征部乐》

虫虫，是他对虫娘的爱称。这些词被写进精美的信笺里，小心翼翼地递到虫娘手中。他们依偎在一起，字字细读着，时而微笑，时而细语，精通音律的柳三变，还将这些词哼唱出来，他们相信，不久，这些甜言蜜语，便会成为京城最流行的曲子。

虫娘的确被他感动了，“就中堪人属意，最是虫虫”。这是一个风流浪荡子最真的心话，他甚至提到了两人的未来，“争似和鸣偕老，免教敛翠啼红”。白头偕老，是她生活中最不可企及的梦想，来到青楼的人不过逢场作戏博得一时欢乐，深情唯有柳三变，竟要与她执手偕老，不诉离殇，这样的男子，怎能不让人为他倾心？

第四节

忍把浮名，换了浅斟低唱

青春，是大雨冲刷的泪与水的记忆；青春，是狂妄自大而又莫名伤感的日子；青春，是老去的容颜里不灭的笑脸。有关青春的日子，热烈如艳阳，迅疾如闪电，悲伤如寒秋，只有不谙世事的少年，才愿意为最初的理想赴汤蹈火，筚路蓝缕。只有体会过青春流逝的人，才会在大雨滂沱的夜晚放声痛哭；行走在青春的边缘，有人怅惘，有人哀叹，有人潇洒地对过去招手作别，有人苦心经营着如烟往事。千百年来，多少文人骚客在青春面前驻足，如空谷遇幽兰，却又渐行渐远，空留一声声永恒的文字盛宴。

韶华易逝，犹如一把沉重的枷锁，在步入壮年之后锁住那黑色的叹息，对此，柳三变深有体会，他说，“青春都一饷”，“何须沦得丧”。一饷青春，贪欢无限，明知浮世如春雪，奈何蹉跎岁月迁。他还在历史的洪流中追逐，追逐属于自己的那一份荣誉与骄傲，虽然见惯了名利场上的尔虞我诈、装腔作势，但他仍希望庙堂之上，有自己的一方领土，上可告慰祖先，下可慰藉逝去的时光。

他仍是酷爱饮酒，即便在科举备考期间，一盏佳酿终不离手。知己与酒，他人生中至真的伴侣，在落魄时给他无尽安慰，在狂妄时又助长了他的不羁之风。柳三变的人生态度，颇耐人寻味，一面疏狂不羁，另一面又有正统文人之风范，正是这样一个多面的柳三变，在历史的棱镜中留给后人太多太多的谜题。

宋真宗大中祥符八年（公元 1015 年），柳三变第二次参加礼部考试，折戟落第；三年以后，宋真宗天禧二年（公元 1018 年），他第三次应考，这一次，他的兄长柳三复及第，而他，再一次铩羽而归。

此时，距离他第一次参加科举考试已经过去整整十年。十年，足以让磨掉少年锋利的棱角；十年，足以让一个人的心渐渐老熟沉淀；十年，十个春夏秋冬的潦倒落魄的日子在柳三变眼前铺展开来。

犹记得，十年前第一次踏上征途，少年春风得意，以为一顶乌纱帽不过如此；十年后，眼看那一顶顶乌纱帽在别人头上坐稳，三十五岁的柳三变的功名之路依旧一事无成。他像是坠入无尽的深渊，又或陷入一片年龄的沼泽，年华的衰老与仕途的坎坷，一同将他逼入茫茫黑夜……

汴京城内，柳三变的词名已经声名鹊起，仿佛今日的流行歌曲，在大街小巷内歌唱，只是他的词仍为正统文人所不齿，他们一边赞叹他的词工，一边又板起道统的面孔，批评他太露骨。十年前，柳三变立志功名、词名皆收入囊中，时至今日，功名的希望日渐渺茫，而词名，也被那个时代所误解。他自诩才高八斗无人能敌，如今却落得如此下场，在愤怒与失望中，他写下这篇著名的《鹤冲天》：

黄金榜上，偶失龙头望。明代暂遗贤，如何向？未遂风云便，争不恣狂荡？何须论得丧。才子词人，自是白衣卿相。

烟花巷陌，依约丹青屏障。幸有意中人，堪寻访。且恁偎红倚翠，风流事，平生畅。青春都一饷。忍把浮名，换了浅斟低唱！

——《鹤冲天》

谈及柳三变，这首《鹤冲天》是绕不开的关键之作。这首词作于柳三变的人生低谷时，他虽信誓旦旦地表示自己对落第的不在乎和无所谓，但其中蕴含的情绪张力，却是耐人寻味的。字词之间，他早已将自己对朝廷的不满和失望发泄其中，他的不羁与疏放的性格也显露无遗，当日作词，可能是为了一泻心中苦闷，然而他不曾料到，多年以后，这首词像一把铁锁，将他的仕宦之门永恒的锁住了。

十年前，他曾夸下海口："魁甲登高第。"这股豪气与自负十年后亦未消磨殆尽，即使第三次落第已成事实，他还是自信满满地说："偶失龙头望。"言下之意便是：三次落第均是偶然，与柳某才华实力无关。他的名字未见于黄金榜上，那是朝廷的损失，与他无关。

"明代暂遗贤"一句，说得何等委婉！此句有两重含义：第一，柳三变虽对朝廷心怀不满，但还不敢明目张胆地与朝廷作对，遂颇带讽刺意味地将此朝称为"明代"，既没有唐突了时代，也给自己留几分退路；第二，"暂"字与上文"偶"对应，表明自己的失意只是暂时的，朝廷有朝一日终会发现自己，金榜题名也是指日可待的事情。事实上，这一句恰恰包含着柳三变的愤恨，若是政治清明的时代，当是"野无遗贤"才对，而所谓"暂遗贤"，分明就是指责朝廷官员昏庸，不识贤才。

如果被朝廷遗弃，今后的人生方向又在何方？柳三变亦在追问自己，而他面前的路只有两条，要么继续科举求第，要么从此不问功名。倘若选择前者，就要向朝廷屈服，继续于漫漫征途中收敛自己的狂放不羁，成为科举路上平庸的朝拜者；倘若选择后者，就要辜负柳门的期望和自己的野心，从此世间富贵繁华与己无关，在风云际会的历史中继续做一个无名小卒。无论选择哪一种生活，都意味着对另一种的放弃，柳三变该如何抉择？

然而，他用斩钉截铁的语言表达了自己今后的去向：恣意狂荡。一个“争”字，构成反问语气，而“不”又构成否定，双重否定之下，抛出铿锵有力的肯定，可谓一语惊人。既然做出了选择，又何必再论得失——“何须论得丧”。茫茫人海，多少布衣贤士身居陋室而不忘天下，他愿效仿他们的朴拙淡然，因为“才子词人，自是白衣卿相”。

在柳三变眼中，所谓“王侯将相”不过是包裹着一袭华裳的普通人，倘若腹有诗书，才华自溢，虽为一介布衣，亦是朝廷卿相。言语之中，颇有自豪之感，而将“词人”也置于“白衣卿相”的位置，可见柳三变对当时词人地位低下的不满，试图提高词人之地位。

上阕至此结束，而下阕却为我们描述了另一番场景：幽深的巷陌之中，有绮丽的环境与姣好的佳人在等待自己，佳人憔悴几许，而她的等待终于换来了两人的相聚团圆，在千娇百媚之中，他依偎红翠，风流几许。与此中美好相比，功名利禄似乎不值一提。

他要告诉世人，年华流逝，佳人易负，倘若青楼梦好，何不一晌贪欢，及时行乐？多少人对浮名趋之若鹜，唯恐丧失；而自己也曾和众人一样，在追逐中迷失了自我，所幸现在他已看穿名利，只愿得一佳人相伴左右，浅斟低唱，不负韶华。

一首《鹤冲天》，看似狂傲无边，实则辛酸无限。世间蹉跎岁月者几何，谁肯将十年心血付之东流，说是不慕名利，无所羁绊，但左脚已经踏入求仕的河流，又怎能全身而退？终其一生，他都无法在官员与浪子的身份中做出最终的选择，前者是理想的声音，后者是心灵的呼唤，该听从哪一种，该何去何从，恐怕他自己也并不知晓。

这一年八月，九岁的赵祯被立为太子，举朝庆贺，柳三变自然也不会放过献词的机会：

星闱上笏金章贵，重委外台疏近侍。百常天阁旧通班，九岁国储新上计。

太仓日富中邦最，宣室夜思前席对。归心怡悦酒肠宽，不泛千钟应不醉。

——《玉楼春》

《宋史·真宗本纪》记载："六月壬辰，诏三班使臣经七年者考课迁秩。已亥，诏诸州上佐、文学、参军谪降十年者，听还乡。"又有云，"秋七月壬申，以星变赦天下，流以下罪减等，左降官羁管十年以上者放还京师，京朝官丁忧七年未改秩者以闻。"这一系列体恤民情的举措令柳三变颇为振奋，遂在词中热情夸赞宋真宗之举，可见，柳三变虽流连于花草之间，但对朝中之事甚为关心，朝廷的一举一动都会引起士子们的议政之心，在这种背景下，柳三变想要不问世事，也是不可能的。

这的确是一个伟大的时代，宋真宗在位时，明君贤臣，戮力同心，共治天下，经过多年的休养生息，当年战争的痕迹已不复存在，赵宋王朝也即将迎来了发展的巅峰。当时四海承平，国库充盈，尤其令人称赞的是，宋代文化在唐朝之后又有了卓越的进步，成为世界瞩目的文化中心。

泱泱大国，江山如画，有志之士都想在此留下属于自己的浓墨重彩的一笔，柳三变也不例外，庙堂之上，最初的理想还在那里，他不愿辜负了时代，更不愿辜负了年华。

第四章

明朝散发弄扁舟

人生路漫漫，此处的失意会在彼处得到安慰，美人的眼角是他时常驻足之处，此时汴京城里的秦楼，处处都在传唱他写的曲词，多少男女在他的文字里相遇相知，在他绮丽的曲调中流连忘返——而这一切，似乎又在向世人宣告着他的荒唐。

第一节

纵游酒肆红楼，直把群妓当倩娘

手心的温热，是他时常怀念的一种感觉，这双手，翻过经书万卷，也拂过佳人的精致的面庞，执笔为文时，亦能闻到那一股淡淡的幽香。洁白光滑的上等宣纸如同佳人吹弹可破的肌肤，他曾细心阅读过这种肌肤，就像品到一首好诗的言外之意，那感觉回味悠长，像古寺里静静燃烧的檀香，朦朦胧胧地围绕着他的人生。

写词，于他而言，就像在创造一块新的肌肤。墨与纸的游戏，给文人们带来屡试不爽的快意。柳三变喜欢在折扇上写词，他时常随身携带一方空白的折扇，酒酣耳热，情到浓处之时，便左手杯盏，右手狼毫，将心中所想一泻而出，待墨迹干透后，再将其送于心爱的女子。

得到才子柳三变的一方折扇，是舞女歌姬们相互炫耀的资本。很难解释，在如此逢场作戏的风月场上，为何所有女子对柳三变总是一见倾心，难以忘情？若是爱慕达官显贵，柳三变则只是一介布衣，有时生活尚需别人接济；若是迷恋才子气度，比柳三变名声更大的文豪亦大有人在，为什么那个人，是柳三变？

柳三变则无暇思索这些，他仍旧是终日游荡，偶得朝廷消息，便难掩心中书生豪气，“届征途，携书剑，迢迢匹马东去”，“对天颜咫尺，定然魁甲登高第”。虽然屡次落第，柳三变的入仕之心却未减半分，尤其那一股狂傲之气，并未随着时间的流逝而逐渐湮没，他的心里仍旧有一场激情的暴雨，冲刷着他三十余岁的不羁的灵魂。他就像那飞蛾，只为一点点光亮，便奋不顾身委身于火热。

人生路漫漫，此处的失意会在彼处得到安慰，美人的眼角是他时常驻足之处，此时汴京城里的秦楼，处处都在传唱他写的曲词，多少男女在他的文字里相遇相知，在他绮丽的曲调中流连忘返——而这一切，似乎又在向世人宣告着他的荒唐。他的安慰是那些含苞待放的面孔，是那些风情万种的眼神，是那些微微开启、欲拒还迎的红唇。枕边人均匀的呼吸，窗外连绵的春雨，是他沉酣的梦境。

误入平康小巷，画檐深处，珠箔微褰。罗绮丛中，偶认旧识婵娟。翠眉开、娇横远岫，绿鬓亸、浓染春烟。忆情牵。粉墙曾恁，窥宋三年。

迁延。珊瑚筵上，亲持犀管，旋叠香笺。要索新词，殢人含笑立尊前。按新声、珠喉渐稳，想旧意、波脸增妍。苦留连。凤衾鸳枕，忍负良天。

——《玉蝴蝶》

《开元天宝遗事》记载："长安有平康坊者，妓女所居之地，京都侠少萃集于此，兼每年新进士，以红笺名纸游谒其中。时人谓此坊为风流薮泽。"可见，所谓"平康小巷"其实是歌女舞姬聚集之地，柳三变所云"误入"恐是牵强，一番"误入"之后，他在这片罗绮丛中结识了虫娘、心娘、英英等舞姬，她们容颜姣好，能歌善舞，给柳三变的生活带来无限欢欣。

今日在此处，他又结识了一个女子——虽不知其姓名，但柳三变称其为"婵娟"，足见其迷人风姿。与她相遇的一刹那，柳三变便被那弯黛眉所吸引，那弯眉毛娇弱地卧在青山之上，如远山上一抹青绿，她鬓发乌亮，像一层薄薄的青烟，醉了词人的眼角。

金风玉露一相逢，便胜却人间无数。难得的是，女子对柳三变亦充满倾慕之意。到底有多倾慕呢？柳三变在此用了宋玉的一段典故说明。

战国时，楚王身边大臣登徒子因为嫉妒宋玉的贤能，便在楚王面前诬陷宋玉乃好色之徒，宋玉辩解道：“天下之佳人莫若楚国，楚国之丽者莫若臣里，臣里之美者莫若臣东家之子。东家之子，增之一分则太长，减之一分则太短；着粉则太白，施朱则太赤：眉如翠羽，肌如白雪；腰如束素，齿如含贝；嫣然一笑，惑阳城、迷下蔡。然此女登墙窥臣三年，至今未许也。”宋玉言下之意为，东家之子如此倾慕与我，我仍无动于衷，怎能说我是好色之徒呢？

柳三变用此典故，是想说明这位女子和战国的东家之子同样痴情，无论是“窥宋三年”还是“窥柳三年”，若有女子为心上人心甘情愿守候三年，亦是一桩悲伤的情事。时间的年轮中，守候者悲情与无奈被嘲笑般的一句话带过，东家之子的辛酸她不必体会，因为多情的柳三变不似宋玉那般冷酷，他且愿意为她填词一首，留作纪念；而她，亦“凤衾鸳枕，忍负良天”，用手心的温度给了他无限安慰。

那女子倾慕的，想必是柳三变那傲人的才华，所以她才时常“要索新词”，缱绻之后，三变即将离开，女子苦苦挽留，不愿作片刻分别，的确，如此良辰美景，谁人愿无端辜负呢？

在这一片温柔乡中，柳三变一点点被催眠：也许，做个白衣卿相，是正确的选择。就这样，他在一点一点，下沉，下沉……

柳三变以一颗平等之心对待这些风尘女子，对她们的身世也给予充分的同情与怜爱，“同是天涯沦落人，相逢何必曾相识”。此时他身如不系之舟，任意飘荡，而这些女子们亦是雨打浮萍，起起落落。在这些女子身上，他体会到了何为惺惺相惜，何为流水知音，时光从她们身上划过，却在柳三变的心里留下一道道划痕……

帘下清歌帘外宴。虽爱新声，不见如花面。牙板数敲珠一串，梁尘暗落琉璃盏。

桐树花深孤凤怨。渐遏遥天，不放行云散。坐上少年听不惯，玉山未倒肠先断。

——《凤栖梧》

那撩人的歌声仿佛唱透少年的心事，但是只闻其声不见其人，柳三变人在帘外，心却已飞到天边，牙板律动，那声音仿佛圆珠滚落一般清脆动听，连房梁上的积尘都在歌声中静静飘落，让琉璃灯盏蒙上一层淡淡的阴影。

忽而一个转音，歌声扶摇直上，仿佛桐花里传来的幽怨凤鸣，天上的行云也被这歌声所吸引，凝滞不动，久久不肯散去。一曲歌罢，座中宾客都被她的歌声所感染，那如泣如诉的声音，惹人泪水涟涟，不忍再听。

那个歌女到底没有露面，但在柳三变心中，那如花的面孔已经清晰地浮现在眼前。又是一次短暂的相逢，只用了一曲歌的时间，他便读懂了这位女子的心事。那声音在他心里打了一个转，就钻进他的心尖，座中的柳三变如一堤岸，任由那起伏的潮水拍打着自己，渐渐地，脚下出现了一个小小的漩涡，他的眼睛深陷在里面，溅起一阵阵旖旎的涟漪……

一路相遇，一路守望，这便是柳三变的人生底色。当离别成为生命的常态，他亦没有信心对一个女子轻易许下诺言，他能做的，唯有填词三行，以一场文字盛宴告慰那些凄美的灵魂。待到曲终人散，薄情儿郎纷纷离席，唯有深情如柳三变，还在为歌者的身世唏嘘不已，有人说他是天生的情种，有人说他是女子的心事，无论如何，柳三变都是那个时代独一无二的男子。

第二节

独采一朵知己红颜

舞姬歌女，众花环绕依旧是生活的主题。在柳三变最落魄的时刻，陪伴在他身边的不是亲朋好友，而是这样一群萍水相逢的女子，微醺时刻，是这群女子用曼妙身姿为他带来一时欢欣。他视她们为红颜知己，填一阙词，和一首曲，便是常有的事，温柔的时光里，白衣才子卧于美人膝上，折扇轻扬，甜腻的微风吹过，牙板奏起，舞袖低回，眼中人似月，皓腕凝霜雪。此情此景，怎能不激起才子的词兴？

有个人人。飞燕精神。急锵环飘上华相。促拍尽随红袖举，风柳腰身。

簌簌轻裙。妙尽尖新。曲终独立敛香尘。应是西施娇困也，眉黛双颦。

——《浪淘沙令》

历史上，以善舞出名的，非汉成帝第二任皇后赵飞燕莫属。赵飞燕歌声婉转，舞姿动人，颇得汉成帝宠爱。一日，她在太液池中的高台上翩翩起舞，汉成帝看得如痴如醉，突然，一阵狂风吹过，赵飞燕趁势将水袖一甩，身体微斜，远远望去，飘然如仙，似乎要乘风而去。汉成帝大惊失色，连忙命人抓住她的衣袖，唯恐她被风吹去。后来，汉成帝下令修建七宝避风台，为赵飞燕舞蹈专属之地，其宠溺之心，可见一斑。

倘若赵飞燕真的要随风而去，又岂是皇帝能够挽留的？那一栋雕栏玉砌的七宝避风台，早已随着时间的年轮化作废墟，能留住的，恐怕只有另一颗心。

柳三变所遇，就是这样一位舞姿曼妙的女子。他将其比作赵飞燕，可见其人气质非凡。她随着节拍翩翩起舞，撩人的红袖在烛光下轻轻旋转，仿佛一颗初春娇嫩的杨柳，她腰肢纤细，发丝轻扬，裙摆摇晃，发出簌簌的声响，如此婀娜的碧影，在柳三变的心尖上划出一个个浅浅的圆圈。

能得柳三变青睐的，定不是一般的风尘女子。而她，从外到内，从容颜到心灵，都是他细细揣摩的对象。若有倾国之颜而内质欠佳，才子也未必回顾，唯容貌与内质兼备，才可摄去他的心魄。

正如这位女子，一曲舞毕，独立于舞台之中，颇有遗世独立之风骚，罗袜生尘，在黑夜如同点点星光，一阵淡香袭来，那是微风入林般的美妙，沉酣了在座的少年。

在柳三变的词作中，描写女子的词章占尽春光，成为千古绝唱。然而这些词章很少提及女子具体的名字，而是多以比喻代之，如上文的“婵娟”、“飞燕”等。或许是因为相逢一场，词人不愿将心底的秘密诉说与天下，或许是因为他的心里有一道门扉，只为特殊的人打开。

相比上文的“飞燕”，一位名叫“英英”的女子显然幸运许多。在浩瀚的词章中，柳三变为她留下一片栖居之地。英英，于是成了柳词中又一位备受青睐的女子。

英英妙舞腰肢软。章台柳、昭阳燕。锦衣冠盖，绮堂筵会，是处千金争选。顾香砌、丝管初调，倚轻风、佩环微颤。

乍入霓裳促遍。逞盈盈、渐催檀板。慢垂霞袖，急趋莲步，进退奇容千变。算何止、倾国倾城，暂回眸、万人肠断。

——《柳腰轻》

英英，也是一名善舞的女子，宴会之上，她轻巧挪步，腰肢轻扭，柳三变最为这柳腰而倾心，词名为“柳腰轻”最是恰切。英英起舞时，轻风似在她身边环绕，如章台之柳，汉宫飞燕，丝管声声，就像天女下凡一般，长袖飘飘，顾盼生姿，身上的佩环亦随着舞步轻摇作响，宛如另一种撩人的音乐，在厅堂久久回响。

如此可人的女子，难怪那些锦衣华冠的官宦子弟和风流多情的当世才子都慕名前来，不吝千金地请求她为府中宴席轻舞一曲。柳三变也许就是这千万儿郎中的一个，他虽无万贯家财，亦无富贵功名，但并未妨碍他一颗爱美惜美的心。

上阕中，所谓“章台柳”其实是一则凄美的典故。唐朝天宝年间，秀才韩翃上京赶考，韩翃与京城李生交善，遂在李生府中游玩多日。一日，李府举办宴席，韩翃作为宾客亦在席中。入夜，李生邀一舞女起舞助兴，只见此舞女貌美如花，身姿婀娜，韩翃一见倾心，便向李生讨要其身世。

原来，这名舞女姓柳，是李生府中蓄妓，李生见两人情投意合，便作天人之和，欲成韩柳这桩好事。后来，韩翃中第，按律当归乡省亲，柳氏便在长安等候他归来。谁知，就在那一年，震撼唐朝根基的“安史之乱”爆发，叛军步步紧逼，世乱遭飘荡，两人遂天涯相隔。

柳氏心有所属，又恐乱世之中难以自保，尤其是那倾国的容颜易招惹是非，于是她自毁面容，出家为尼。等到两京收复，叛乱平定，韩翃又辗转来到京城，苦苦寻觅柳氏踪迹，听闻柳氏已出家为尼，韩翃憾恨不已，遂赋《章台柳》一首，命人悄悄递与柳氏："章台柳，章台柳，昔日青青今在否？纵使长条似旧垂，也应攀折他人手。"

柳氏手捧此诗，伤心不已，并作一首《杨柳枝》回赠：

杨柳枝，芳菲节，所恨年年赠离别。一叶随风忽报秋，纵使君来岂堪折。

昔日韩郎不在身边时，柳氏终日以泪洗面，饱尝相思之苦，如今有了韩郎的消息，她又担心自己韶华易逝，年老色衰，就算二人相见，恐怕也无法再续前缘。"纵使君来岂堪折"，这是一介女子无奈的叹息，亦道出千千万万女子的隐忧。所幸，传闻韩翃与柳氏不负誓言，终得相见，白头余生。

汉府诗云："思君令人老，轩车来何迟！伤彼蕙兰花，含英扬光辉。过时而不采，将随秋草萎。君亮执高节，贱妾亦何为！"时光，对女子而言，犹如掌握着她们命运的一只大手。男子在时光的磨砺下会愈加稳重成熟而富有魅力，而女子，时光赋予她们大好青春，却又在转眼间剥夺她们引以为傲的一切。自古女子多伤春，其实，伤的哪里是春，是她们自己的花样年华罢了。

柳三变何曾不懂这个道理，他明白，所有惊艳他的容颜都只是昙花一现，她们静静地开放，又在未来静静地凋零，红颜薄命，他用双手捧着那炙热的青春，不求拥有，只求相遇。在最美的芳菲季节遇见最美的她，不问前世今生，不问红尘是非，只需怜取眼前人。

蜀锦地衣丝步障。屈曲回廊，静夜闲寻访。玉砌雕阑新月上，朱扉半掩人相望。

旋暖熏炉温斗帐。玉树琼枝，迤逦相偎傍。酒力渐浓春思荡，鸳鸯绣被翻红浪。

——《凤栖梧》

《乐章集》中，有不少词作被后来学者指斥为“淫词浪语”，其中便包含着这首著名的《凤栖梧》。词中所描绘种种情景，令正统学者大惊失色且羞于作注。

但是，细细品来，这是一幅极具挑逗意味的月夜幽欢图：

以蜀锦为地衣，以丝帛为步障，这位女子想必生在富贵人家，气质非凡。新月初上，词人踏着月光前去寻访这位佳丽，玉砌雕阑，朱扉半掩，女子早已在门前守望者自己的情郎，谁知相思苦，唯有情者深。闺房里，暖炉驱走了二人身上的寒意，熏香袅袅，弥漫着柔和甜蜜的气息，美人似玉，情郎似琼，两人相依偎，说起羞红面颊的情话。

女子斟起新酿的美酒，酒酣耳热，醉眼朦胧之际，看着眼前的娇人，不禁心神荡漾。“鸳鸯绣被翻红浪”——如此形象而大胆的描写恐怕是专属于柳词的特色，女子读到这里，想必脸上都会泛起阵阵红晕……

点燃一尊青灯，那火光中有朦胧的爱意，那火光中有青色的悲哀。沿着文字纤细的掌纹，柳三变追寻着往日褪色的欢欣，置身于这场盛大的游戏中，他无力抽身，亦无心抽身，正所谓：“艳名广播如飞鸟，强学无情亦枉然。”

第三节

奉旨填词状元

命运，你若相信它，它便将你玩弄于鼓掌之间；你若对它不屑一顾，它亦会让你跪地求饶。人生是一场走向固定终点的旅行，无论你是翩翩少年，还是垂垂老者，时间都会带走你曾拥有的一切，耻辱与荣耀，在历史面前不过是沧海一粟。然而如若你身处其中，就像处在时钟摇摆的某个瞬间，一切都会被无限放大，放大——那时你不相信命运，更不相信改变命运的只是某些不经意的偶然，人海里隐藏着一个漩涡，当你无知地靠近时，一切理想，一切未来，都会被早已注定的命运吞噬。

柳三变从不相信命运，他坚信这是个伟大的时代，“大道如青天，我独不得出”的悲剧不会降落在他头顶，风流的皮囊下，一颗求仕的心跃跃欲动，他像只伺机捕食的猎豹，待漫长的雨季之后，便要紧紧扼住命运的咽喉。

然而，他不知道的是，纵使是猎豹，也逃不过命运的戏弄。

宋真宗乾兴元年（公元 1022 年），御宇多年的真宗皇帝驾崩，年仅十三岁的太子赵祯继承皇位，他就是赵宋王朝的第四位皇帝，后来历史上著名的仁宗皇帝。真宗皇帝执掌政权期间，民不加赋，官不征丁，四海承平，国库充盈，为仁宗皇帝的统治打下了良好的基础。

仁宗在位时期，赵宋王朝迎来了它的盛世巅峰，经济上，南方城市迅猛发展，丝绸、陶瓷、茶叶等产品远销海外；文化上，汴京仍是全国的文化中心，仁宗一朝，便出现了如范仲淹、三苏、包拯等贤良文臣，重文轻武的国策被沿袭下来。文人地位空前提高，鉴于朝廷文职的增加，科举取士的规模也日渐扩大，汴京城里，来自五湖四海的文人墨客饮酒弄诗，一派繁华。

在这样的盛世背后，亦有些不为人道的秘密。赵祯继位之初，因其年幼，由真宗的皇后刘太后代理朝政。虽然刘太后不似历史上的吕太后、窦太后那般残忍霸道，但十三岁的赵祯彼时的确是一个傀儡皇帝，在很长一段时间，赵祯被压制在刘太后的权力之下。在刘太后主政期间，宋代党争日趋激烈，仁宗时被贬的苏轼不久便被刘太后召回并委以要职，而赵祯掌权之后，新旧党争便陷入你死我活的境地，大宋王朝的裂痕也一点点扩大……

但是回到历史的那一刻，四海升平的景象迷惑了无数士子的求仕之心，他们所看见的，是朱红门里官员纵情享乐的繁华，看不见的，却是两党之间互相倾轧的惨烈。自古以来，庙堂之高，却高处不胜寒，无数怀着报国之心的年轻士子一踏入那朱红门槛，便不可避免地将毕生精力消耗在浑浊的权力之争中。然而，“醉卧美人膝，醒掌天下权”的诱惑并不是每个人都忍心拒绝。

就在这风云变幻的时刻，蛰伏已久的柳三变决定再次出击。公元 1024 年，沉寂四年的柳三变再一次走进科举考场。

这是他第四次应考，不知不觉中，滞留汴京的岁月已经过了十五个年头，不知从何时起，他已经从远游的客子变成了他乡的主人。汴京已不再是十五年前的汴京，他也不再是十五年前的柳三变，这座城市永远熙熙攘攘、夜夜笙歌，他也曾细心地阅读过这里风花雪月的旧事，现在，他就像十五年前那样，重新背上理想的行囊，做一个意气风发的少年柳三变。

这次科考，屡次折戟的柳三变终于大放异彩，博得主考官的青睐。可是当主考官将中榜士子的名单上报朝廷时，一切又发生了逆转。仁宗皇帝向来推崇务本务实、儒雅体正的为人风范，当他翻阅名单，突然龙颜不悦，说道："这个柳三变，岂不就是有词《鹤冲天》流传，大呼'忍把浮名，换了浅斟低唱'的浪荡子吗？"便不及细看柳三变的文章，便御笔一挥："且去浅斟低唱，何要浮名！"

原本青云直上的仕宦之路，就这样被皇帝的御笔一笔勾销。当日作词的柳三变不会想到，他以词章闻名，也因词章惹祸上身，其中的辛酸百味，恐怕只有他自己知晓。吞下多年前种下的苦果，失落与悲哀猝不及防地席卷他的整个世界……

后来人在谈论这件事时，除了对柳三变的遭遇心怀同情之外，对事件的另一主角——宋仁宗亦颇多微词，直斥他依据个人喜好而埋没人才，导致这位才子在离理想最近时突然跌落，从此后半生受尽生活的折磨。不过，后来许多研究者却跳出来为仁宗皇帝喊冤。

这一年，仁宗皇帝刚满十五岁，虽已是心怀大志的落落少年，也有心收回被刘太后把持多年的政权，但宫廷斗争向来不是局外人所见的那么简单。仁宗的亲政之路走得并不容易，据史料记载，直到明道二年（公元1033年），刘太后去世，二十四岁的宋仁宗方才摆脱傀儡身份，收回大权。因此，柳三变在放榜前突遭黜落，很可能是当时掌权的刘太后所为，并非后世人所猜测的宋仁宗赵祯。

那一年，被这摄政之手改变命运的，还有宋氏兄弟。

宋庠与宋祁兄弟多年苦读、专心志业，受到当时以文章闻名的安州太守夏竦的举荐，一时间声名鹊起，并称为“二宋”。他们一同参加了当年的科考，结果弟弟宋祁力压群雄，获得一甲第一名，而哥哥宋庠略逊风骚，获得第三名。

考官将名单上报朝廷，仁宗和刘太后一起检阅试卷，仁宗还未言语，刘太后便直呼不妥。在她看来，弟弟排名在哥哥之前有违礼法，于是以“弟不可先于兄”的理由将宋庠拔为头筹，思量一番后，她又觉不妥，恐兄弟二人皆入三甲遭人非议，于是将宋庠仍列为第一名，而将宋祁列为第十。就这样，技高一筹的宋祁阴差阳错地成了二甲进士。而这其中种种，也是兄弟二人为官多年后方才知晓，命运一旦错过，就会铸成永远的过错。

咫尺之间，千里之外，一招走错，满盘皆输。绝境里的鲜花分外美艳，奈何只是昙花一现。这一次，是柳三变离巅峰最近的时刻，那令人艳羡的乌纱帽几乎是触手可及，可惜仍是一场幻梦，措手不及。白衣才子的人生蜿蜒而曲折，理想的云梯被撤去之后，他便坠入那失落的深渊。

此前，他的父亲柳宜已经去世，比父亲的去世更令他悲痛的是，他未能实现父亲的期望，未让老人家在临终前舒眉展颜。半生潦倒的柳三变，从此也失去了家庭的经济资助，入仕无门，无妻无子，一身落魄的柳三变从此混迹于乐工、舞女、歌姬周围，白日饮酒作乐，夜晚专心词业，如果这就是世人眼中的堕落，那就让他堕落到底吧。

平生自负，风流才调。口儿里、道知张陈赵。唱新词，改难令，总知颠倒。解刷扮，能（口兵）嗽，表里都峭。每遇著、饮席歌筵，人人尽道。可惜许老了。

阎罗大伯曾教来，道人生、但不须烦恼。遇良辰，当美景，追欢买笑。剩活取百十年，只恁厮好。若限满、鬼使来追，待倩个、掩通著到。

——《传花枝》

这是一曲无奈的悲歌。柳三变风流才子的名声举国皆知，他能诗、能文、能词、善曲，听说还善于给女子化妆，难怪他自称“平生自负，风流才调”，而他最擅长的，还是改旧曲为新词。

据学者统计，在宋代所用八百八十多个词调中，有一百多调是柳三变首创或首次使用。“词至柳永，体制始备”，词人对文字的敏感无人能及，尤其遇到酒席歌宴，便是他大展身手的时候。秦楼里，当红花魁歌唱的都是他的新词，惹得众人拍手叫好，时常有歌女环绕在他周围，向他索要新词，他还沉浸在这种被崇拜的喜悦中，忽然听见旁坐有人说道：“可惜许老了。”

人人都知柳三变，可惜柳三变已不再年轻。当日那个翩翩白衣少年，两鬓也开始泛起点点星光，曾经心高气傲地以为功名利禄如探囊取物般毫不费力，如今岁月已蹉跎，不仅一事无成，反而感觉到死亡的迫近。但是，阎王迫近又能如何？人生本就不如意，不如在剩下的日子里，“遇良辰，当美景，追欢买笑”。倘若有鬼差来收命，便放下尘世的纷纷扰扰，潇潇洒洒随他而去罢了。

是豁达？是无奈？昏昏灯火下，才子掩卷叹息，往事如风，就让往事随风而逝吧。

第四节

以我手，写你心

宋代女词人李清照在论词专著《词论》中评价《乐章集》："柳屯田永者，变旧声，作新声，出《乐章集》，大得声称于世，虽协音律，然词语尘下。"大概意思是，柳三变改编旧词为新词，所做之词大多音律谐美，《乐章集》也因此闻名于世。但是，她也尖锐地提出了柳词的瑕疵——"词语尘下"，如此评价，就像在一幅华美画卷中沾染上大块墨滴，总是后来研究者绕不开的话题。

柳词的香艳在词史上几乎是盖棺定论，毋庸置疑。只是这种香艳是"雅"是"俗"仍存争议。事实上，"香艳"这种风格在中国文学史上不止一次出现，无论是唐朝的宫体诗、五代的花间词，乃至南宋的婉约词，都脱离不了“香艳”的评价。因此，所谓“香艳”，并非一味是贬，倘若守住分寸，讲求含蓄，变“香艳”为文人风流雅趣，那么于词人而言，并非有什么不妥；但若没有分寸，描写露骨，坏了意境的含蓄朦胧，此类香艳之词，定会被传统文人所唾弃。

《乐章集》中，雅词与俗词各占一半，评论家则对这些俗词颇有微词，比如学者王灼在《碧鸡漫志》里称柳词“浅近卑俗，自成一体，不知书者尤好之。予尝以比都下富儿，虽脱村野，而声态可憎”；徐度在《却扫编》评论柳词“虽极工致，然多杂以鄙语，故流俗之人尤善道之”。

阅读《乐章集》可以发现，所谓“俗词”，不过是一些描写市井生活的词章，这其中，献给歌女舞姬的词占了绝大部分，或是为了取悦佳人，或是为了记录风月之事，他用词章为自己的放荡不羁的生活作了最美的注脚。许多文人看来难登大雅之堂的事，都被他事无巨细地记录下来，并且堂而皇之地将它谱曲演唱，在汴京的大街小巷内流传。

宋代文人狎妓成风，晏殊、晏几道、苏轼等人都将“携妓远游”的乐趣记录下来，只是在他们的作品里，男欢女爱被写得极尽幽折晦涩，笔触也只是点到为止，留给读者无限遐想，从而产生一种朦胧的美感。然而这类被隐去细节的词章，大多数并无多少真情实感，许多词人只是想以生活风格的与众不同来博得众人眼球。他们的词，大多只是为写词而写词，有些内容，甚至不得不靠遐想完成。那些歌女舞姬，那些生活在社会最底层的女性，有时不过是他们写词的辅助工具，那精湛的舞姿、丰富的情感于他们而言，都只是文字的奴隶罢了。

恐怕也只有柳三变，懂得女人细腻的心思，愿意为她们白描出一首首心曲。从他笔下流出的汩汩青春，以及青春里的旖旎风光，如同荒原上一株怒放的罂粟花，迎风招展，妖娆迷人，一旦靠近便难以抗拒。所以在宋代，许多人指斥柳词低俗不雅，也许原因只有一个，那就是柳词太过真实，容不得半点虚情假意，而一旦逼近真实，道学虚伪的面具就会被撕毁、被洞穿，那些文人便要在惶恐中将责任全部推给柳三变。

时代的繁华也会在无形中给众人戴上繁华而精美的面具，面具背后，是一张张充满欲望而不愿声张的面孔。而柳三变选择摘下那张面具，以真实的自我示人，失魂落魄也罢，放浪形骸也罢，他从不对那段历史撒谎，也不会遮掩真实的心灵。

一篇篇词章是一种种心绪，倘若能带入彼时的情景去阅读品味柳词，那些被后来人批评为“淫词浪曲”的篇章或许别有一番滋味：

欲掩香帷论缱绻。先敛双蛾愁夜短。催促少年郎，先去睡、鸳衾图暖。

须臾放了残针线。脱罗裳、恣情无限。留取帐前灯，时时待看伊娇面。

——《菊花新》

清人李调元在《雨村词话》中评到“柳永淫词莫逾于《菊花新》一阕”。这位学者甚至将此词列为“淫词之首”。短短五十二个字，究竟隐藏了什么旖旎风光，让学者们大惊失色？

初读此词，便有浓得化不开的柔情蜜意，而这种细腻的情感，又全部聚焦在一位女子之身。这个女子，倒是别具风情。在中国古典诗词中，女性之美大抵是内敛含蓄、温柔体贴的古典美，尤其在心爱的人面前，更要表现得娇花弱柳、不胜娇羞之状，仿佛只有这样，才能博得他人的怜爱之心。

而《菊花新》中的女子，却大为不同。也许是等待情郎太久，她微微皱起了眉头，月牙初上，春宵苦短，情郎来了之后，她一边抱怨着，一边催促他赶紧先去暖被；自己却不慌不忙地放下手中的针线活，轻解罗裳，春光无限。而情郎为了看清她的面容，竟然在床边留了一盏灯，光阴绰约，无风而帘动，这是何其香艳的场景！

这样一位大胆、纵情、任性的女子，当然令那些推崇古典美的文人们大跌眼镜，他们所追求的风月，无外乎是“落花人独立，微雨燕双飞”的婀娜之美，而柳三变笔下的女子，既有风月之意，又带些风尘之气，然而即便是风尘女子，亦有一种不可言说的吸引力。娇弱的雏菊固然惹人怜爱，而怒放的牡丹则更为娇艳。只是，男子心里都爱慕火辣的牡丹，却习惯假惺惺地去赞美纯洁的雏菊。想来也只有柳三变，不计较世俗的眼光，执笔为词，为这些风尘女子写一曲赞歌。

既然选择烂醉花间，就纵情流连此处。他懂得如何读透她们的心，偌大的城市里，她们是他人眼中的风景，无数人来了又去，去了又归，纵使心有所恋，也绝不会为心爱的女子停下脚步。而她们为了保护自己，亦不得不将真实的情感收敛，以一张不变的笑脸迎客。她们身边总有人在经过，熙熙攘攘背后，却是一颗颗寂寞又孤独的心。柳三变曾经也是这里的过客，但如今他已决定在此驻足，那么多的心等待着他去安慰，他又怎忍心转身而去？

一生赢得是凄凉。追前事、暗心伤。好天良夜，深屏香被，争忍便相忘。

王孙动是经年去，贪迷恋、有何长。万种千般，把伊情分，颠倒尽猜量。

——《少年游》

回首一生，多少青楼女子难逃被抛弃的命运，短暂的垂怜欢爱之后，便被无情的遗忘。她们拼尽全部的感情，到头来却“一生赢得是凄凉”。往事一幕幕地翻过，青春年少之时，王孙少年皆慕名前来结识，那时花好月圆，情暖香被，如今年老色衰，容颜不再，昔日的情郎便转身离去，纵使曾经山盟海誓永不辜负，到头来还是被情郎轻易遗忘。

诺言，自古便是女子的毒药。喝下这杯毒药，便为他死心塌地地等待守候，也许某天他科举高中，会来迎娶昔日相濡以沫的恋人；也许他颠沛流离、不远万里又回到她身边，只为当日的那一句誓言；也许他会带着她远走高飞，私奔的迟疑远比不过爱情的甜蜜；也许他……然而他终究是个负心人，新欢无限好，誓言亦在重复，在他转身的那一刻，她就应该明白，他永远不会再回来。

这些细腻的心思，被柳三变一一捕捉、放大、呈现在世人面前，这样一个被历史遗忘多年的群体，从此有了她们应有的关注，循着柳郎的笔触，踏着文字纤弱的条纹，一个个或凄美、或遗憾的故事被抽丝剥茧般层层剥开，使我们看见那个时代的繁华和那些繁华背后的伤感。

第五章

山穷水复又一村

旧时的城市如今已然衰败，曾经的人们今日空余残冢，但有一种真挚的情感会历久弥新，缘起缘灭，离乱聚散，不管何时，不论何地，天涯海角踽踽而行，旧日的情感犹如收藏的萤火，将暗夜点亮。

第一节

声声似把芳心告

“红豆生南国，春来发几枝。愿君多采撷，此物最相思。”但是相思的情果若没有相爱之人的浓情蜜意滋润浸泡，痴情人周流往复、寻寻觅觅摘得的果实，放在口中只是难言的苦涩，偏偏这苦无处倾吐，让人有口难言，唯有在慢慢长夜中独自消磨。

珍珠要串成串，美玉要合成双。爱情本来就是成双入对的事物，残缺的美丽并不存在于爱情中。自古流传的爱情故事不胜枚举，无数先人用他们的情感编织成锦书，顺着历史的河流漂泊至今，感动着一代又一代人：牛郎织女于无尽的银河两端遥遥相望；梁祝化成的彩蝶在九龙墟前蹁跹起舞；杨玉环在桃李树下为唐明皇舞着霓裳羽衣；张生和崔莺莺在红娘的帮助下私订终身……他们的悲欢离合、生死聚散让人们为之喜、为之悲，为之羡、为之忧，但如天有日月，故事中的人也都是成双的伴侣。那些独自爱着的人的故事，你又曾听过几个？它们只是存在于独自苦恋之人的睡梦中，随着岁月的流逝而消散。

爱情这场游戏，当人独自入局伊始便注定失去了赢的机会，从此追逐的不过是海市蜃楼般虚幻的美。“我住长江头，君住长江尾。日日思君不见君，共饮长江水。”单恋之人总是小心翼翼地为自己和心中的爱侣编织一个美丽的梦，只有这样才可以粉饰单恋的徒劳和无奈，从此流水落花、粉窗朱户都成了那人的唇、那人的眸；清风拂面、月落中庭都成了那人的吻、那人的笑。

于百花丛里栖身的柳三变，也有过自讨苦吃又偏偏乐在其中的单恋时光。周边的美色俯仰皆是，唾手可得，但偏偏他爱上了一个不会对他倾心的人，而且爱得那么缠绵，如痴如醉，也许这便是得不到的才是最好的。爱情被化为了一个没有尽头的旅途，旅人在灯火阑珊处跋山涉水，用尽年华在漫漫长路上寻一个通往伊人心扉的路口。“孔雀东南飞，五里一徘徊”，只不过此次启程，它再也没有了可以栖身的梧桐。

咫尺凤衾鸳帐，欲去无因到。虾须窣地重门悄。认绣履频移，洞房杳杳。强语笑。逞如簧、再三轻巧。

梳妆早。琵琶闲抱。爱品相思调。声声似把芳心告。隔帘听，赢得断肠多少。恁烦恼。除非共伊知道。

——《隔帘听》

爱情在未经历过的人眼中就如盲人眼里的日月，他也许会从他人口中听说它的绚烂美好，也会感受到它散发出的光和热，但你如何向他形容海上日出的壮阔，皎皎明月光的缠绵？

只有当人们遇到一个人，那人的莞尔一笑或回眸一瞥，如沉寂的冬尽之日第一声春雷，刹那间，开启了你人生的一个新季节。一种此生从未有过的悸动充斥你的心灵，它自亘古就埋藏在了你的血脉中，等待着一个人开启。从此，你知道了今生的喜与忧，快乐与烦恼都可以统一于一种事物之中，它叫爱情。

汹涌的爱情一来便冲毁了世俗里身份和地位筑成的堤坝。柳三变在门外徘徊，屋子的主人想来也应一位风尘里迎来送往的红颜，否则他也不可能如此靠近一个女儿家的凤衾鸳帐。但她的前尘往事并不能阻挡柳三变的脚步，在青楼里那些见惯了的假意逢迎、逢场作戏的轻薄之举也不能冷却他的情意，多情才子从来就不是一个面对爱情的诱惑还会三思而后行的谨慎之人，能困扰住他的只有爱情本身。

柳三变又一次期盼着和她的偶遇，爱情里总少不了美丽的巧合，一次次不经意间的相遇，阁楼拐角处的偶然相见点燃了爱的火花。无数次偶遇仿佛要证明这是上天注定的姻缘，素未相识之人由陌生变得亲近，从而相知、相恋。

但佛说前世五百次的回眸才换来今生的擦肩而过，也许第一面的相逢是前生苦苦祈祷的回报，之后的情节若还是坐等，那岂不是辜负了前世的心意，又怎敢把好不容易盼得的璧人再丢回无尽的人潮中呢。那些看似碰巧的偶遇背后藏了多少有情人刻意的心思。这心思包涵着有情人终成眷属的热，有着寒灯孤月、独自苦候的冷，其中冷暖，只有这杯情水的饮者自知了。

度日如年，时间仿佛在有所期盼的人身上被拉长。柳三变眼前无数次出现那个让他辗转反侧的容颜，但定睛看去却只有紧闭的门扉。寂静无人的深深重门里，帷帐的穗子拂拭地面发出窸窣的轻响，让人错当成袅袅婷婷而来的佳人裙摆，每一次都让心神不宁的他加速了心跳，宛若蹀躞的展翅也会在他的心湖激荡起滔天巨浪。

伊人踩着绣鞋不经意地走过门前，透过缝隙，在门外的地板上投下变幻的影子，明明近在咫尺，一扇轻薄的门户却如千山万水把两人阻隔，而他也确实立于那人心房的千里之外。不管他如何卖弄才华、巧舌如簧地道尽胸中锦绣，就像一只动情的孔雀在心爱之人面前展示着自己五彩斑斓的羽翼般，费尽心机只为博得她的嫣然一睹，在她偶尔看来的眼中也只有对才子的赞赏，而不见动情的钦慕，这种无动于衷比哀怨、嗔怒更加刺痛他的心。他在她的眼中，只是个芸芸路人。他该如何收拾这苦涩的心情？

不管表面如何强颜欢笑，故作轻松，情爱的种子已经在柳三变的内心深处扎根，他默默地关注着她的一举一动。每逢挥别一夜风月，晨起梳妆之后闲暇之时，素衣轻妆的她总会抱起心爱的琵琶，慢捻轻弦，低眉信手将一曲相思调边弹边品。"转轴拨弦三两声，未成曲调先有情。"如清泉般悦耳，又如春风般缠绵的乐曲，等闲之人听得到她兰心蕙质，同为痴情人的柳三变更听出了这乐曲后的相思情事。

是哪个幸运儿居住在她的心里，让她念念不忘？隔帘听取红颜春情的他不禁黯然神伤，佳人已经心有所属，他的一片痴情伴着悠扬的乐曲飘荡在半空中，无处着落。如何断去这日日纠缠的入骨烦恼？

把一切都与她说明了吧，如今他别无所求，但求佳人知道这世上另有人为她意乱神迷、一往情深。至于这样的表白是否太过笨拙或露骨，如今饱受爱情火焰炙烤的柳三变已经无暇顾及。

有个人人真攀羡，问著洋洋回却面。你要无意向他人，为甚梦中频相见。

不如闻早还却愿，免使牵人虚魂乱。风流肠肚不坚牢，只恐被伊牵引断。

——《木兰花令》

《木兰花令》中的柳三变已经无心维持所谓的名士之风流，此刻的他不再是一个温文尔雅、进退有据的君子，而只是一个市井里随处可见的为爱痴狂的男人。他变得率直，变得无礼，脱去了礼教的束缚，他把自己的心事不加修饰地呈现在心爱的女子面前。

在爱情之前，他表现得如一个未经世事的赤子，行事大胆，口无遮拦。他理直气壮地要求心爱的女子回报他付出的爱：你若对我无意，为什么要频频地出现在我的梦中，让我辗转反侧？我此时已经因你失了三魂丢了七魄，你要尽早让我知道你的心意，一偿我的夙愿，免得我日日为你牵肠挂肚，否则迟早因爱成疾，肝肠寸断。

出现在他的梦中俨然变成了女子的错，此时他就是一个失态的恋人用一往的深情、不舍的守候，乃至自己的生命，不断地在爱情的赌局上加码。他已不顾这段爱情是否只是他的一厢情愿，不管是否会因拒绝而遍体鳞伤。抛却儒家所恪守的“发乎情，止乎礼义”，回归了人类对于爱情最纯真也最直接的追求后，柳三变把积压在胸中的一切情感赤裸裸地表达了出来。

柳三变和那位佳人的爱情是如何的结局，如今我们已无从得知，她是否爱过他，他是否实现了心愿，两个人又因为何事断了情缘，这些发生或未发生的故事都已随风远去。柳三变的故事也许会在如今的某些人身上重演，他们也会重温前人的感受，只是少了柳三变的妙笔，无法把这微妙的情绪用文字临摹下来留待后人品尝。

虽然不免遗憾，但也不必灰心丧气，只要内心有着纯真的情感，我们总会找到适当的方式把它宣告，一歌一叹，一吟一啸，声声似把芳心告。

第二节
逢别一首 《雨霖铃》

科举上再三受挫让柳三变对于仕途心灰意冷，他把一颗追逐功名之心深埋在了内心的角落不再轻易触及。当人们的生命中缺少了曾经认为不可或缺的一部分，生活便一下子塌陷下来失去了重心，但人们会想方设法用其余的事物把这个空缺填补。

对于柳三变，既然“奉儒守官”的家族夙愿已在他的身上暂时落空，既然皇帝已经金口玉言命他“且去填词”，他自然而然地重拾了另一种曾经吸引他的生活方式——重游楚馆秦楼，纵情笔墨花笺。说是高挂免战牌的“疗伤”也好，自暴自弃的沉沦也罢，总之这段日子他过得还算快意，既然已无缘醒掌天下权，那便在美人膝上一醉解千愁吧。

但醉生梦死的人毕竟是醉眼朦胧地活着，而非真正的死去，他终归有清醒的时刻。在移宫换羽、遍游妓馆的欢娱之余，他总会陷入对往日生活的追忆中。初到汴京时的书生意气，恨不得明日就拜相封侯、指点江山，到如今，他“白衣卿相”的词名远播，在脂粉间红袖添香、描摹风月。

生活和柳三变开了一个大大的玩笑。在回忆的路口，他站在今日依旧繁华如昔的汴梁城门上，俯视那个十余年前城门口青涩的自己，会否道一声抱歉？他试图在安逸享乐的生活中寻找内心的平和，但理想生活缺失的部分让他得到的那一部分也黯然失色，在对词名和功名的追求中，只有尽揽才能安抚他躁动的心。

虎踞龙盘的汴梁城群贤毕至，英才云集，机遇遍地，“玉辇纵横过主第，金鞭络绎向侯家”，每一日都上演着青云直上的戏码。才华横溢的柳三变虽然夺目，但也只不过权贵们茶余饭后的笑谈对象，只是在那风云际会的中心之外自成一隅。

他想用红粉建筑一道“篱笆”，将自己和那个他一败涂地的世界隔离，但这屏障只遮得住他歌舞升平的黑夜，夜幕终究会散去，当阳光泼洒到这座城市上，他的所有遗憾、落寞都无处遁形。要如何医治这种伤痛？柳三变再一次想到了离开。

他决定去四方漫游，和旧日的自己，对一切的失意来一场道别。但割舍往日伤痛的同时也割舍着往日的快乐。前路漫漫，人生苦短，对这些美丽如烟花的人和事物，“后会有期”难说出口。他想要逃离伤痛，偏偏迎面而来的就是不得不面对的离别之伤。

寒蝉凄切，对长亭晚，骤雨初歇。都门帐饮无绪，留恋处，兰舟催发。执手相看泪眼，竟无语凝噎。念去去，千里烟波，暮霭沉沉楚天阔。

多情自古伤离别，更那堪冷落清秋节！今宵酒醒何处？杨柳岸，晓风残月。此去经年，应是良辰好景虚设。便纵有千种风情，更与何人说。

——《雨霖铃》

公元1024年的秋日，柳三变就要离开他浮沉数载的京师，南下远方，为自己的仕途寻找新的出路。挥别故地总是难免伤悲，又何况此处还有难舍之人。在他落魄失意时，是温婉的伊人用缠绵的情怀把他的心从阴冷彻骨的寒潭中打捞出来，温存出重返生机的暖意。虽然佳人的温柔乡无法根治他仕途失意的顽疾，但她的身影却是他阴云密布的生活中的一抹阳光，山穷水尽处的一眼清泉。此刻他辗转他乡，此情唯等来日偿还，而来日十有八九便是遥遥无期。

秋风拂柳，树上的寒蝉为了惋惜自己将近的生命，为了停留夏天最后的暖意奏起了凄切的悲歌，一声接一声不知停歇的鸣蝉犹如白日里的更夫，用生命丈量着时间，提醒着柳三变珍惜最后的相聚时光。五里一短亭，十里一长亭。他们在长亭之侧驻足良久，相对而视，默默无言，夕阳的余晖把两个人的身影投射在荒野上，倾斜地映出长长的剪影。

但此时的二人犹觉得走过的路不够漫长，恨不得此路没有尽头，就这样一直走下去。刚刚下过一阵骤雨，空气中还残余着未及消散的烟云，无处不透着沁人心脾的微微寒意。柳三变回首远处的京师，发现暮色中的它一如十年间的仕途，朦朦胧胧，看不清、猜不透，唯有眼前伊人难舍的容颜真真切切。

在京城门外的客栈已经摆了饯行的酒宴，丰盛的美食珍馐、美酒佳酿放入口中却味同嚼蜡，想要强颜欢笑道一声："来日方长。"可离别已是身不由己又何况归期呢？又怎么忍再给她一个空许的希望，把她的心一伤再伤。

在她哀怨的目光下，所有离别的情话尽显得生涩，不敢再直面她如水的双眸，又不忍转身离去，所有心情都纠缠在一起使柳三变的脚步停滞在了伊人身边。

船夫只关心旅途的道阻且长不顾二人的心情，在兰舟之上不停催促着他启程，这仿佛投入湖畔的青石，搅乱了二人间凝固的氛围，心房的堤坝再也拦不住情感的激流，他们不顾男女间的大防拉住了彼此的手。今生可否再见？今后何人为伴？一时间无数的情绪涌出了心头，却堵塞在了喉间，唯有止不住的泪水彰显着彼此的心意。

千里烟波，只见其上楚天辽阔，暮霭沉沉，不见天空之下的碧水流向怎样的景色。柳三变心知江流万里、天涯无际却看不清此去的路途。伊人和京都都不及云烟散去就已消失在眼前。离别之后，他又变成了一个孤家寡人，如失路的沙鸥在无尽的水面上独自飞行，疲惫不堪地找寻下一个栖身之所。人总说，“海阔凭鱼跃，天高任鸟飞”，那是得意时的激昂奋进，失意之人面对无尽的海天更多的则是前途未卜的迷茫。

多情之人自古便被离别所困扰，柳三变更是如此，情感敏锐是一把双刃剑，赋予了他天工的妙笔，也让他更易被萧索的情绪所伤，更何况这离别发生在万物走向凋零的冷落清秋。黄叶离开了旧枝，打着旋儿作别一季的繁荣；鸿雁飞离了故巢，在天际发出阵阵哀鸣。所有光彩夺目的事物在一阵寒雨后暗淡了色彩，也黯淡了多情人的柔肠。

人生也许逃到何处也逃不出忧愁的罗网，只是徒劳地把一种忧愁换成另一种。夜色茫茫的江面如同一块巨大的幕布，会把所有不愿提及的往事一一流转在眼前。“何以解忧，唯有杜康。”一场酩酊大醉击破了夜的笼罩，待柳三变再次睁开双眼已是破晓时分。残月将尽，与送别的伊人已经不知隔着几重山水，破晓的风吹过，两岸寸寸柔情的杨柳依旧，丝丝飘动间犹如她湖岸边独自远望的纤弱身姿。但伊人已不在，唯有杨柳、晓风、残月。

挥别一日尚且如此难熬。此去经年，就是再美的风景，再好的良辰，没有了心爱之人与他吐露心扉，万千风月情怀尽数付之流水。

人们经常说，别情难述，不只是难言别离后百转回肠的情感，分手时微妙的感情更是难以尽道。略数典籍，诗词中写别离尤其是男女别离的佳作并不多见。读惯了唐人千篇一律般朋友间的依依惜别，整齐的格律间风格多豪迈而少柔情，我们的心头总感觉有一些地方未经触及。

不论是王维的“劝君更尽一杯酒,西出阳关无故人”（《送元二使安西》），还是王勃的“海内存知己,天涯若比邻”（《送杜少府之任蜀川》），或者是李白的“挥手自兹去,萧萧班马鸣”（《别友人》），高适的“丈夫不作儿女别,临歧涕泪沾衣巾”（《别韦参军》）、“莫愁前路无知己,天下谁人不识君”（《别董大》）……这些流传千古的诗句顾及着“男儿有泪不轻弹”的古老传统，把奔涌的情感“发乎情，止乎礼义”地压抑在字里行间。

柳词却泼洒的尽是儿女动情之泪，佳人“梨花一枝春带雨”的凄美将永远定格在柳三变的脑海中，世人为了别离而感动神伤，那动情的眼泪只有如柳三变般溢出眼眶，才能略加抚慰离别后的情殇。柳词正是因为能言诗之不能言，才能把千百年前的景象凝固，超越了时间感动着一代又一代的有情人。

旧时的城市如今已然衰败，曾经的人们今日空余残冢，但有一种真挚的情感会历久弥新，缘起缘灭，离乱聚散，不管何时，不论何地，天涯海角踽踽而行，旧日的情感犹如收藏的萤火，将暗夜点亮。

第三节

江山起伏，淘尽风流

秋风把太阳吹得日渐高远，将杨柳岸边的绿丝绦换成了黄金帘，四季的脚步一路追逐着柳三变的乌篷船，随着桨橹的轻摇荡漾于水乡的清流上。光阴在船尾拖出一道蜿蜒的涟漪，从碧水间蔓延到了旅人的眼角、发梢，扎根在他的心坎上，变幻成又一段枫叶荻花、秋月梧桐的回忆。

在这样一个秋意浓浓的季节，柳三变漫游的脚步暂缓于苏州城畔。沿着汴河一路东去，自江淮转道南行，他渐渐逼近那个初出茅庐时流连忘返的锦绣江南。

江南水乡的风光依旧旖旎，如一个青春永驻的少女，四季的流转未曾让它沾染风霜，只是给她换了身衣裳。变的是柳三变，此时的他已没有了年轻时充满好奇的目光，江南鲜艳的色彩不再刺激他的双眼，反倒是秋色里的冷落萧条更能合他的心情。年轻时的他初到此地如杲杲而升的骄阳，如节节拔高的修竹，必会高歌一首白乐天的《忆江南》："江南好，风景旧曾谙。日出江花红胜火，春来江水绿如蓝。"而如今的他人未老心已疲，出现在脑海中的诗句变成了另一首《南湖春早》："翅低白雁飞仍重，舌涩黄鹂语未成。不道江南春不好，年年衰病减心情。"情人眼里出西施，反之亦然，观赏者失去了欣赏美的心情，再美的事物也是枉然。同是秋日，有些人的眼中便是"自古逢秋悲寂寥"，有些人却道"我言秋日胜春朝"。

当人生不如意时，人们常常将目光转向往昔。在陷入人生低谷的柳三变眼中，过往之地处处皆是"此情可待成追忆"的遗迹，更何况他来到的又是这么一座遍布历史故事和旧址的城市。立于现实和历史的交接点，他将一副疲惫的心灵寄托于千百年的风云变幻，一个个天之骄子来了又去，聚了又散，成了又败，他在昨日里寻到了慰藉，在颓唐中获得了共鸣。

晚天萧索，断蓬踪迹，乘兴兰棹东游。三吴风景，姑苏台榭，牢落暮霭初收。夫差旧国，香径没、徒有荒丘。繁华处，悄无睹，惟闻麋鹿呦呦。

想当年、空运筹决战，图王取霸无休。江山如画，云涛烟浪，翻输范蠡扁舟。验前经旧史，嗟漫哉、当日风流。斜阳暮草茫茫，尽成万古遗愁。

——《双声子》

这是一座演尽人间沧桑的城市。夕阳西下的石板路上浸过英雄豪杰的鲜血，水波荡漾的护城河里有着绝色佳人流下的清泪，被晨露打湿的碧瓦下曾经充斥尔虞我诈的筹谋，被苔藓蔓草染得斑驳的旧城墙下有过白骨遍野惨烈的厮杀。这所历尽春雨秋霜、战火硝烟的城市默默消化着人们的野心、爱情、阴谋等种种的人间万象，将它们揉碎发酵成一种令人感发幽思的神韵，让浮躁的人们不禁在这里停下匆匆追逐的脚步，细细思量过往，寻找人生天地间的意义。

柳三变在放任自己犹如断蓬浮萍在萧索的晚秋迟暮中随波逐流，途经苍凉的姑苏台榭、三吴故里，不禁幽思古今，睹物思人：旧日吴王治下强盛的国家，此刻空余寂寞的荒丘，不见高楼栋梁、雕坊画楼，不闻声声金石丝竹，繁华落尽后，唯有昏蒙蒙的雾霭中呦呦的鹿鸣在空山间回荡。苏州城里再寂静，终究是遍布人烟，自然不会听到麋鹿的叫声。柳三变的笔下的荒凉如此夸张，不过是心头的凄冷使然，纵使深处闹市也感到隔绝于世俗之外。此外，就是含蓄地表现他寄托终身的政治追求。

“呦呦鹿鸣”出自《诗经·鹿鸣》。“呦呦鹿鸣，食野之苹。我有嘉宾，鼓瑟吹笙。”这是一首描写宴会上宾主尽欢的诗歌。曹孟德将其用在自己传唱天下的《短歌行》中，表达他的求贤若渴，以求天下归心。可怜柳三变自己虽才高八斗，却未得到明君的赏识，此时此地就如“乌鹊南飞，绕树三匝”，无枝可依。

夫差为博得美人一笑，命人在香山东南麓广植香草芝兰，以人工代天工造出了一条供美人漫步的采香径。不料耗费国力造出的一处胜地不仅没有帮他通向西施的心扉，反而令他走上了一条亡国之路。千年后，采香径上群芳零落，逐鹿的君王和沉鱼落雁的佳人都变成了小径上的一捧尘土。苏州城已远离了战火，在百年的休憩里散尽干戈龙气，重聚自在繁华。可依然有人铭记着此地曾经的刀光剑影、吹角连营，那时的波澜壮阔会不时地被凭吊之人从历史的尘埃里拣出来细细擦拭。

苏州的前身是春秋末年五霸之一吴国的都城，在吴王夫差的统治下，吴国打败了越国称霸春秋，后又被三千越甲所灭，短短十数年历经极盛和衰亡。

吴越的战争，是一场复仇之战，冤冤相报直到一方彻底的终结。夫差之父阖闾，在执掌王位的第十九年举兵伐越不果，遭受到了越国的报复，阖闾在对抗越王勾践的军队时负伤，不久就不治身亡。

夫差继承了王位，励精图治，于第二年再次挥师南征，困勾践甲兵五千于会稽，越国几近灭国。伍子胥进谏道：“今不灭，后必悔之。”但吴王没有听从相国伍子胥斩草除根的建议，因为死亡无法浇熄他胸中复仇的烈焰，他要勾践苟延残喘地活着，要他伺候左右，要他受尽屈辱以偿还杀父之仇。

击败了越国之后，吴国声势一时无二，夫差开始纵情声色、穷兵黩武，而仇恨的种子早已种下，于无声无息间生根发芽。勾践蛰伏在夫差左右，曲意逢迎，表现得如同一只已被驯服的忠犬。

一次，夫差染疾，勾践入宫探视，用范蠡之计，自告奋勇尝吴王粪便以诊病情。这让吴王大喜，遂消弭了防范之心。忍辱负重的勾践如一只蓄势而发的猛兽，他此时的姿态越低，之后致命一击就越是凶猛。

夫差十四年，吴国赦越，勾践还国，自此猛虎归山。他卧薪尝胆，事必躬亲，厚待宾客，吊死庆生，上有智囊文种、范蠡辅佐，下有百姓归心、同仇敌忾，越国得以大兴。其后六年，复仇的号角再次被吹起，越复伐吴，此时吴国已因连年征战民生凋敝、国力衰微，无力抵抗。于是勾践灭吴，他本想以其人之道还施彼身，留夫差性命，奈何吴王但求一死，拒绝道：“吾老矣，不能事君王!”遂自刎。

回首吴越双雄争霸，不过是重复着无休无止的“合久必分、分久必合”的天下大势，到最后机关算尽，反不如范蠡和西施执手泛舟于西湖之上来得自由快活。世间发生的种种城头变幻，朝代更迭，说到底不过是胜者王侯、败者寇的残忍游戏，全部可以归结于人的欲望，而人的欲望又何时满足过呢？不论成败，到最后茫茫的荒野之上不会留下任何人的足迹，徒余明月悠悠，万古遗恨。

世界上没有永恒的胜利者，转眼间，胜败异位，攻守相反，高高在上的帝王和阶下之囚之间的距离并非人们想象的那么遥远。人心的聚散，时运的流转，心智的强弱……太多的因素可以把处于巅峰的一人、一家、一国打落尘埃。处于时代的风口浪尖虽可一览众山小，但浮浮沉沉的江山从不是有尽的人力可以随心摆渡的地方，一个浪头过后，风光的俊才豪杰已变了面目。

当柳三变在饱览三吴暮色里的荒凉萧条之后，浪迹江湖多年的他自然而然地悟出了霸业既成又尽成云烟不存于世的道理。从自己啼笑皆非的过往再到眼前之境，放眼此情此景，油然而生的是人世无常、沧海桑田的了悟。

三吴之景的落寞以及夫差旧国的衰败与荒凉尽收柳三变笔下，凝结着年到不惑的他对于光阴的感悟。时光如浪淘走了一代又一代风流人物，当日的成败荣辱尽成往事，岁月的流逝虽使人伤感，但也不必纠缠，相似的人事注定在未来的某一日等待着与世界相遇。

第四节

当时月，空照荒台

吸引多情才子的除了不朽功名，就是绝色美人，柳三变身处苏州，遥望当年风景，除了看到吴越争霸的金戈铁马外，有着艳绝天下的容貌，轻笑间便搅动风云的西施更是让他念念不忘。

大争之世，英雄与枭雄竞相逐鹿，为了问鼎天下，明争暗夺，无数英杰竞折腰。说起来虽豪情万丈，但霸业背后必定是“一将功成万骨枯”，狠毒的诡计、残忍的厮杀都是围绕着霸业展开的。这场风云变色的争锋有了红颜的加入，也平添了三分旖旎。

男人用他们的剑和血征服世界，女人用她们的美丽与柔肠征服男人。古往今来，神州大地上帝王将相无数，若要把文治武功比个先后可谓众难分伯仲。但要论最美的几个女人，那非“闭月羞花之貌，沉鱼落雁之容”的四大美人莫属：有着沉鱼之姿的西施，有着落雁之貌的王昭君，能使明月黯然失色的貂蝉，能令百花羞赧掩面的杨玉环。

她们的一颦一笑都铸就着传奇，纵是世间不缺天香国色，却无人可以冲击此四人的地位。但荣华富贵背后是悲情的人生，光彩夺目之外有着不为人道的隐情，她们能捕获帝王的心，却终究无法掌握自身的命运。

西施的故事，经过前世的传说加上后人的演绎，流传至今，历史的原貌早已面目全非，不可细究，但好在剧情的主线未曾遗失。

越国诸暨苎萝村有女施夷光，生来美貌如仙，常浣纱于溪水旁，鱼为之而沉。因居西村，名曰西施。吴王好美色，越王勾践欲为灭吴，难觅佳机，用谋士范蠡之美人计，遍访国中佳丽，得西施献与吴王。

温柔乡是英雄冢，得到了才貌无双的美人承欢侍宴于身侧，吴王在芙蓉帐里迷失了曾经的雄心壮志，日渐沉沦酒色游乐，荒废朝政，他开始亲近奉承求欢的奸佞，疏远忠言逆耳的贤臣，吴国江河日下。与此同时，勾践则时刻不忘一雪前耻，卧薪尝胆，秣马厉兵。战争终于爆发，越兵势如破竹，夫差国破身亡。

西施的结局如何，众说纷纭。最好的结局是：西施在入吴之前已和谋士范蠡有私情，范蠡在辅佐勾践成就霸业之后，深恐兔死狗烹、鸟尽弓藏，归隐市井，在姑苏台下的花荫深处找到了旧日情人，执美人之手双双泛舟于西湖之上，隐遁于烟波浩渺之间。

苏东坡有诗云："五湖间道，扁舟归去，仍携西子。"在山东肥城陶山，据说如今还有范蠡和西施的墓地。人们总是一厢情愿地希望美好的事物有完美的尾声，也许这种结局就是后人怜惜佳人难再得，所以乱点鸳鸯谱铸就的一段姻缘吧。绝世美女配上无双国士，他们摆脱了世俗的牢笼，在醉人的西湖之上只羡鸳鸯不羡仙。这故事虽听着醉人，但当不得真。深陷激流暗涌的中心，斩断前尘又谈何容易？

民间对于她有这样的传闻：勾践灭吴后，幸存的吴人把满腔怨恨都倾泻在西施身上，他们用锦缎将她裹住溺死在了扬子江中。《东坡异物志》载："扬子江有美人鱼，又称西施鱼，一日数易其色，肉细味美，妇人食之，可增媚态，据云系西施沉江后幻化而成。"

另一种记载更加悲情，西施死在了自己的国人之手。《吴越春秋》记载："吾既灭，勾践以西子为亡国尤物，浮西子于江，令随鸱夷以终。鸱夷者，伍子胥死而盛以鸱夷，其死西子有力，故沈西子以报子胥之忠。”乱世枭雄向来轻红颜重权谋，登临九五后更要经营一个磊落的帝王形象，自然不愿自己的阴谋手段再被人们提及，用一个冠冕堂皇的理由除掉一个知道太多的弃子，既可以成就自己礼贤下士的美名，又可消除日后的隐患，何乐而不为。

不论其上几种故事的情节如何，美人终难逃香消玉殒的结局，以下是晚唐崔道融的诗。

宰嚭亡吴国，西施陷恶名。

浣纱春水急，似有不平声。

——《西施滩》

古往今来，凡因君王贪恋女色亡国，善于文过饰非的男人总是把亡国的罪过推卸给红颜祸水，仿若没了那个纤弱的女子，昏君就会变得圣明，国家便不会衰亡。好在西施却是个例外，许多文人都在为她鸣不平，没有人将她和媚主祸国的妹喜、妲己、褒姒相比，这是西施的幸运，还是其余三女的不幸？

柳三变自然不会被世俗的浅见遮蔽了双眼，他向来以同情的眼光看待身世不幸的女子。想到当年的西施是如何的命似浮萍、身不由已，他手中的笔便不由又温柔感伤了几分。

苎萝妖艳世难偕。善媚悦君怀。后庭恃宠，尽使绝嫌猜。正恁朝欢暮宴，情未足，早江上兵来。

捧心调态军前死，罗绮旋变尘埃。至今想，怨魂无主尚徘徊。夜夜姑苏城外，当时月，但空照荒台。

——《西施》

红颜自古多薄命，也许太过美丽的容貌招惹了太多的是非，得来了太多的嫉妒，更也许是主掌这世间秩序的多为欲壑难平的男人们。

苎萝清丽的山水被一个女子夺了七八分神采，“欲把西湖比西子，淡妆浓抹总相宜”。连古今文人道不尽旖旎风光的西湖都需攀附她的美丽。相传她在溪水边浣纱，水中游弋的鱼儿看到她映在水中的容颜被其所惑，都神魂颠倒忘记了游动，“沉鱼”之名由此得之。

如果浣纱女能够一直把美艳锁在这座小小的村庄，只留给青山碧水、游鱼飞鸟欣赏，这世间的故事里会少了惊为天人的尤物，但西施也许能够得到一个安安稳稳、平淡幸福的人生。但最无辜又无法避免的就是怀璧之罪，她生于一个乱世，争霸的诸侯为了消灭对手无所不用其极，而纷争的历史中早就有了前车之鉴，美人是一种强大的武器，可以倾城倾国。

天生丽质的她被越王收入了囊中，西施脱下了鄙陋的粗麻，穿上轻盈的绫罗，饰上艳丽的容装，学得了雍容的步态，这把美丽的武器又添了三分威力。当一切计划完毕，她被送到了吴王的面前，她要用尽浑身解数取悦她，得到他的宠爱，消除皇宫上下对于她“敌国之人”身份的防范。

她成功了，吴王醉倒在她的石榴裙下，宠冠后宫。她是否也为吴王的迷恋而暗自得意呢？毕竟他是一位高高在上的君王，又是一位单纯爱着她的痴情男，为了她不顾万里江山。但还未等这份得意转化成真挚的爱意，越国的军队已经从江上滚滚而来，将一切幻想、奢望打得粉碎。

越国灭掉了吴国，曾经的枕边人亲手结束了自己的生命。她伴着无边风月来到这片升平之地，最终给这座城市带来的是战火和厄运。说到底，她只不过是一件握在越王手里的精美武器，武器不应有情感。但当尘埃落定，武器的使命已完成，她脱去这重身份的时候，发现自己已身处两难之境。

失国的吴人对魅惑主上延误战机的她恨之入骨，复仇的越人将她视为祸国殃民的不祥之人拒之门外。走投无路的美人最终被投江而死，那西子蹙眉捧心、我见犹怜的无限风情再不可复见。她的一缕芳魂安息何处？不能是对之愧疚万分的吴地，亦不能是为之心灰意冷的故国，无所依托的她只能在姑苏城外的荒野中四处徘徊。

柳三变之笔，写出了西施的专宠和娇艳，也道尽了她的无奈和可怜。在双雄争霸的大舞台上，她举足轻重，决定了两个国家的兴衰。但除此之外，她又别无所有，她自己的情感、归宿乃至生死都是操持在他人之手，自身无力把握。人们无法评价一个所作所为都非出自己愿的人物的功过，只能感叹美人的命运。千百年来无数文人骚客将西施入诗填词，叹她、怜她，痴情者不乏柳三变之辈，但再多的笔墨吟唱对她又有何用呢？她已无心知道，前尘二三事，也不过是后世之辈聊表闲愁罢了。

第六章

羁旅宦游求显达

少年时代的漂泊，就像一场孤独的旅行盛宴，没有那么多的心绪，只有一颗纯粹的赤子之心，不必担心前途，不必牵挂妻子，只管随着他人的脚步前行，世界看起来都那么柔和。而如今，心如已灰之木，身似不系之舟，被川流不息的人潮裹挟着朝下一站走去，而下一站，又在何方?

第一节

吴山越水，千里寄情

一路飘荡，任意东西，生活于柳三变而言，似乎都在别处。虽然这边风景独好，他却注定要孤身前往，就像他幼年那样，漂泊，终于成为他的人生姿态。只是成年后的漂泊与年少时相比又有些不同。少年时代的漂泊，就像一场孤独的旅行盛宴，没有那么多的心绪，只有一颗纯粹的赤子之心，不必担心前途，不必牵挂妻子，只管随着他人的脚步前行，世界看起来都那么柔和。而如今，中年时代的漂泊，心如已灰之木，身似不系之舟，被川流不息的人潮裹挟着朝下一站走去，而下一站，又在何方？

仕途无望，囊中羞涩，无妻无子，漂泊无依，这就是他的现状。点点星光缀满鬓角，饱满的面颊日渐消瘦，虽然一路上词名鹊起，无人不识，但终究得不到朝廷的回应。江南风景独好，可惜时光催人老。

未来，已是他不敢多想的领地，人常说“不孝有三，无后为大”。已过而立之年的柳三变，自从妻子去世之后，再也没有续弦娶妻，因此膝下也并无子嗣。父亲柳宜临终之时，他未能守孝在前，更未能以一顶乌纱帽告慰他的亡灵，如今漂泊在外，更加能体会到父亲当年的心事，沉痛的思绪便难以剥离。

往事历历，全部涌在胸口，让他有些透不过气来。眼下，六月的荷花宛如从海底升起的珊瑚，招摇着等待诗人的赞美，凉风阵阵，蛙声蝉鸣，杭州和当年一样婀娜多姿。

到如今，以另一副面孔故地重游，才发现这座城，属于百代过客，属于浩瀚历史，却不属于他。只有等到某一天，他也成为脚下土地的一部分，人们或许会因柳三变而铭记杭州，或许会因杭州而想到柳三变。

既然杭州不是久留之地，他只有再次启程，词人的踪迹难寻，直到今日，也没有人敢肯定柳三变漫游的具体路线，一沟一壑，都可能是他的栖身之地。

然而可以肯定的是，一路上，柳三变与佳人们仍然保持着书信往来，这些女子，也许是他在汴京结识的旧相识，也许是在苏杭萍水相逢的新知己。但她们无疑都对柳七郎怀着一颗爱慕的心，恨不能与他一路同行。

相思难解，唯有写下一纸温柔，将那薄薄的纸鸢在哒哒的马蹄声中送到爱人面前，才能聊表心意。语言文字是多么曼妙的存在，那纷飞的信笺，翻越千山万岭，夹带着淡淡幽香，就这样来到词人面前，任他开启一个个相思的秘密。

在他所结识的女子中，有不少是精通诗词音律的，想必是受了这位大词人的影响，她们舞文弄墨的本领绝不亚于那些年轻士子。柳三变就对其中一位女子的才华赞不绝口。

有美瑶卿能染翰。千里寄、小诗长简。想初襞苔笺，旋挥翠管红窗畔。渐玉箸、银钩满。

锦囊收，犀轴卷。常珍重、小斋吟玩。更宝若珠玑，置之怀袖时时看。似频见、千娇面。

——《凤衔杯》

中国历史上，获得“才女”之称的女性不在少数，从卓文君、蔡文姬到上官婉儿、李清照，她们皆拥有良好的家世背景，自幼便接受传统古典文化的熏陶，因此，出生官宦贵族之家且知书达理似乎并不新奇。

反而是这样一群女子更受文人青睐。她们出身贫寒，过早地经历了人世的坎坷沧桑，因为各种原因，她们坠入乐籍，误入风尘。

这些人本应得到更多的理解与尊重，奈何她们的身份似乎已经注定她们属于被遗忘的那一类。她们中，定有许多女子为心爱的情郎写过信笺，但是多数都石沉大海、再无音讯。大约唯有深情如柳三变，才愿意慢慢打开那些深情的纸张，细读那一字一句之中的寂寞。

漂泊在外，他已经远离那些热闹繁华的风月场所，在此邂逅一段感情，已是无望之事。而这位“瑶卿”，却不远千里寄来书信，安慰他萧索的灵魂。而柳三变对她也评价颇高，开头便点出一个“美”字，对女子而言，“美”既是第一印象，亦是最诚恳的夸赞。想来这位“瑶卿”的容貌一定是为词人所欣赏的；而“能染翰”则表现出这位女子与众不同的一面，“染翰”即沾染翰墨之意，意味着这位女子能属文、能作诗、能填词，并且所作的诗词文，颇得柳三变赏识。

一位这样有才华的女子，可惜并未有诗词作品流传下来，至于她给柳三变写了什么，从词中亦无法推断，只知柳三变收到信后，便在脑海中描摹勾勒起这位女子写信时的样子。

那应当是一个柔和的夜晚，弯弯的新月如同一个银钩挂在天上，“月光如水水如天”，银色的月先如潮水般渐渐覆盖了女子的珠帘，而珠帘之内，她正端坐在书桌旁，一手托着下巴，一手执着毛笔，若有所思地想为情郎写点什么。皎洁的月光打在她的双颊，精致的五官在墙上倒映出柔和的曲线，那如新月般睫毛，高挺的鼻梁，诱人的双唇，宛如一幅动人的工笔画。

月华无形，而思念有形，那思念是在眼眶中打转的泪水，是不小心晕染开的大块墨迹，是她发出的一声沉重的叹息……轻轻地，她铺开那张素笺，已顾不上字体优美与否，只管将此刻满满的思念凝聚在黑色的墨滴中。

读完这位女子的锦书，柳三变的心情更是难以自持——“锦囊收，犀轴卷。常珍重、小斋吟玩。”他将这薄薄的纸张小心翼翼卷起放好，收藏在锦囊之中，他甚至把它当成了自己珍爱宝藏，偶尔还会取出来吟读一番。这到底是一封怎样的信？能让柳三变如此痴迷，或许，他痴迷的不是那一张单薄的纸片，而是那一张纸片上，承载着所爱之人的沉重牵挂。只要一摊开那张纸，那女子的面庞便从心海中缓缓浮现，挥之不去，“更宝若珠玑，置之怀袖时时看。似频见、千娇面”。

这是一份弥足珍贵的情谊，一个是穿越在人海中的多情浪子，一个是惯于逢场作戏的风尘女子，他们在人生旅途中，只有过片刻的相遇，但就是这样一段邂逅，都让两者难以放下，即便是日后行走在各自的轨迹中，也会在某个夜晚想起两人初遇的那一刻，即便已经知晓相逢已再无可能，彼此仍固执地守住一份思念。浪子也许不相信一见钟情，但他自始至终都对感情都怀有虔诚的希望。

追悔当初孤深愿。经年价、两成幽怨。任越水吴山，似屏如障堪游玩。奈独自、慵抬眼。

赏烟花，听弦管。图欢笑、转加肠断。更时展丹青，强拈书信频频看。又争似、亲相见。

——《凤衔杯》

花有重开日，人无再少年。策马奔驰的地方，女子有男子坚实的怀抱，孩童有父母温暖的呵护，老叟有儿孙臂膀的搀扶，就连大自然的飞禽走兽，都是结伴而行，有所终老。只有柳三变是孤身一人，如荒原上的飞蓬无所依靠，如雨打浮萍起伏不定，他不知道这样的路途还要走多久，亦不知道何人会陪伴在他身旁。回首往事，一个“悔”字诉衷肠。

悔的是，当初不该轻易地转身离开，虽有诗云：“少年离别意非轻，老去相逢亦怆情。”但每一句不认真的告别都是日后隐隐作痛的伤疤，他并非天生的乐天派，人至中年，他亦越来越体会到“明日隔山岳，世事两茫茫”的无奈与痛苦。他在穿山越岭中，终于铸成了“两成幽怨”的遗憾，越水吴山，风光旖旎，只可惜一人独游，了无趣味。这时他才发现，其实在哪里并不重要，重要的是和谁在一起。

盼了好久的信笺终于送到手中，每读一遍，便让人泪流满面。那冰冷轻盈的纸张，怎抵得上她温暖细腻的双手？那情意绵绵的文字，又怎能比得上从她的双唇中流出的细语？常言道“见字如见面”，但文字又有什么意义？举首张望，满目山水，然而远方爱人的面颊，是怎样也触摸不到的。

第二节

流浪，许我扁舟一叶

纵然时间会带走所有，然而心动的瞬间却未曾改变。漂泊多日，该遗忘的已经遗忘，剩下丢不掉的，是那些烫在心底的名字。她们的面容常常一闪而过，那些悲伤的、喜悦的、憔悴的、动情的面颊组成过往荒唐的岁月，回忆的神经每每触到这里，就像碰到了烧红的铁块一般迅速抽离。人们无法猜测，他究竟为何要走上这段漂泊的旅行，或许他自己也不知道，如果行走意味着消逝，那么他宁愿在匆匆脚步声中被世界遗忘。

多年前的第一次远行，是带着不可一世的骄傲与信念，多年后的这次远行，不如说是一场流浪，一场没有目的、没有方向的流浪。或许这种漂泊的冲动，是一种与生俱来的特质，年少轻狂时以为世界就在脚下，如今方才领悟，蓝色的苍穹才是生命的牢笼。

漫游、旅行、流浪，每一个浪漫的词语背后都有无数真实的磨难，思乡之惆怅，羁旅之劳累，加之孤身一人无人倾诉，每一处停留都会增加一份苦痛。

世间万事，皆如鱼饮水，冷暖自知。繁华的汴京，构筑成他昨日繁华的梦想，在那里，美人的倾慕、市民的艳羡、朝廷的厌恶、士子的讥讽，都被他挥一挥手，暂时作别。他也未曾想到，曾经向往的圣地，就这样被他毫不留恋地抛开。或许，没有柳三变的汴京依旧繁华，但是在小巷深处，一定有人为柳三变默默啜泣。

这复杂的心路，都被他一字一句地记录下来。在《乐章集》中，柳三变写于这段时间的词章，少了往日的风花雪月，而代之以羁旅行役的怅惘。虽然这类题材在中国古典诗词中是不朽话题之一，此后众多诗人也凭此获得留名千古的机会，但是于柳三变所处之时而言，将“羁旅行役”这类传统题材纳入词这种以“艳科”闻名的体裁，却是一次颇有远见的尝试。

冻云黯淡天气，扁舟一叶，乘兴离江渚。渡万壑千岩，越溪深处。怒涛渐息，樵风乍起，更闻商旅相呼，片帆高举。泛画鹢、翩翩过南浦。

望中酒旆闪闪，一簇烟村，数行霜树。残日下、渔人鸣榔归去。败荷零落，衰杨掩映，岸边两两三三，浣纱游女。避行客、含羞笑相语。

到此因念，绣阁轻抛，浪萍难驻。叹后约、丁宁竟何据。惨离怀、空恨岁晚归期阻。凝泪眼、杳杳神京路。断鸿声远长天暮。

——《夜半乐》

天寒岁暮，山色暗淡，周围的湖光山色都笼罩在一片萧瑟的云雾中，木叶纷纷，随风而落，词人乘一叶扁舟，在江面穿行，遥遥望去，就像一个孤零零的树叶在大海中漂荡。寒冷的水汽濡湿了他的青衫，一颗枯黄的竹叶落在他装满书籍的木匣上。

此情此景，或可赋诗一首，或可品茗清茶，或可独斟小饮，或可缱绻独眠；但词人什么也没有做，只是独立于船首，看风景急速后退，体味着大自然的鬼斧神工。舟行至青山深处，江面终于有所缓和，“越溪”又名“若耶溪”，相传越女西施当年就在此溪浣纱，因此又叫“浣沙溪”。途经此处，佳人再难觅，也只能遥想当年西施与范蠡相遇的刹那芳华。

“山重水复疑无路，柳暗花明又一村。”词人正在惆怅这寂寥的氛围时，远处商船突然传来吆喝声。此处的风景倒是没有辜负旅途的辛苦：怒涛渐渐平缓，代之以柔和的水面，樵风乍起，船儿鼓起白色的帆布，顺风而行，不时传来阵阵欢呼。这一阵疾风多么鼓舞人心！船行之处，岸边的白鹭扑啦啦地飞起，犹如水面上白色的精灵，不一会儿，小舟就趁着风势抵达了南浦。

这是一段难得的舒心之旅，“乘兴”二字足显词人畅快的心情。那一阵疾驰而过的清风，似乎使人的心绪都为之一振，所谓“乘风破浪”、“激流勇进”就是这种感觉吧。倘若在生活之中，也有这么一股催人奋进的疾风伴着好运而来，那是多么令人飘然神往的事。

一路行去，两岸风光无限，绿色的山岚掩映着红色的酒旗，这是一个被雾气萦绕的山村，一簇簇民居门前还晾晒着衣裳，黄发垂髫皆怡然自得。当然，最令游子心动的，还是那顺风而来的浓郁的酒香。

这一定是以山泉为曲的佳酿，不然为何人们都在此处驻足歇脚？旅途劳顿时，若能在此处来三杯两盏新醅酒，煨着红泥小火炉，割几两下酒的牛肉，驱一驱体内的寒气，赶一赶身心的疲惫，定是再爽快不过的事。黄庭坚有诗云：“桃李春风一杯酒，江湖夜雨十年灯。”客游在外的浪子，倘若有一杯浊酒在手，世间情思烦恼皆可抛却。

天色渐晚，落日西斜，水面上被镀满一层金色的余晖，渔榔声从南浦传来，渔郎怀着丰收的喜悦向家中走去，想必在屋门里，妻子早已做好热腾腾的饭菜，准备犒劳辛苦劳作的丈夫。此时再细细端倪周围的景色，才发现这里竟下过一场大雨。荷塘里，娇弱的荷花被雨点拍打得七零八落，残荷衰杨在风中微微摇摆，似乎要将心中的委屈道于世人。

河岸边，另一处别致的风景吸引着他的注意，原来是三三两两新妆的浣纱女。爽朗的笑声在山谷里回响，棒槌起落的节奏震起阵阵涟漪。水面上，飘落的枯叶随着水的波纹起伏荡漾，原本令人神伤的萧瑟之景，反而衬出少女们的青春与活力。

这样生长在山岚深处的少女，就像是自然天生的女儿，明眸皓齿，秀发乌亮，眼眸如同玻璃一般透明纯净，从未沾染过丝毫世俗的气息。她们聚在一起窃窃私语着，当陌生人试图走近时，她们又像狡猾的山猫一样偷偷躲避，不一会儿，便又在一棵大树旁汇合，故意挑逗似的发出银铃般的笑声。

柳三变立于船头，将这样的美景尽收眼底，捕捉美是他的习惯，更是他与众不同的才华，因而寥寥百余字，从山水风光到生活百态，都被他活灵活现地呈现在读者面前。笔到之处，一点一染，光影流转，便全部被纳入他精心布置的画卷中。停驻在此，正如人在画中游，又何必吝啬笔墨，不如痛痛快快夸赞一番。

这首《夜半乐》，是柳三变羁旅行役词中的扛鼎之作，亦是同类题材长调宋词的典范。世人皆知柳三变善于弄词，其实值得夸赞的是，柳三变不仅善于作词，而且尤善长调。

长调者，当然以长为主要特征，这就要求词人不得不关注每一阙文字的结构布局，若失之平衡或者画蛇添足，则读来枯索无聊，味如嚼蜡。而柳三变的独到之处在于，将作赋之法用于词作之中，巧妙安排，尽情铺张，不仅使长调发挥了其内涵广阔的特征，而且使“词”这一文体本身得到极大的解放。南渡之后，长调慢词如雨后春笋般在宋词史上留下浓墨重彩的一笔，这其中柳三变的功劳不可小觑。

《夜半乐》中，前两阙重在描述，为读者呈现出一处生动的山林风景。而下一阙则笔锋一转，陷入浓郁的抒情氛围中。偶遇这样一群活泼的少女，本是值得欣慰之事，词人却从她们的一颦一笑中想起了汴京的女子，此时，她们一定在阁楼上来回踱步，思念着远方的情郎，而他却“浪萍难驻”，不知归期在何时。

相思至此，愈加难以释怀，“惨离怀、空恨岁晚归期阻”，他一遍遍问自己，为何要轻易离别，为何在离别后才懂得相聚的不易。如今谈起这些，恐怕也只有“空恨”二字。举目四望，断鸿声里，山岚的剪影起起伏伏，故乡在何方，故人又在何方？那通向汴京的路途，如今遥远而迷惘，青山绿水，温柔地将思念阻隔。

第三节

人面桃花，未知何处

离开，是为了回来。在苏杭一带漂泊了一段时间后，到公元 1029 年左右，柳三变带着疲惫的身躯返回汴京。当他风尘仆仆地站在汴京繁华的街巷时，才发现这座阔别已久的城市并未因他的离开而有丝毫倦怠。他在车水马龙中伫立良久，如今他已四十六岁，不知不觉度过了人生的一大半，他在汴京的岁月，早已超过在故乡崇安的日子，这里已然成为他的另一故乡。他的故事大都在这里书写，他的爱恨情仇也都在这里埋葬。

当年离开时，飒飒秋风扫落叶，汴京一派萧瑟之景，令人心生凉意。此次归来，正值春暖花开之际，草长莺飞，蜂鸣蝶舞，心情自然随着这万事万物一同复苏：

花发西园，草薰南陌，韶光明媚，乍晴轻暖清明后。水嬉舟动，禊饮筵开，银塘似染，金堤如绣。是处王孙，几多游妓，往往携纤手。遣离人、对嘉景，触目伤怀，尽成感旧。

别久。帝城当日，兰堂夜烛，百万呼卢，画阁春风，十千沽酒。未省、宴处能忘管弦，醉里不寻花柳。岂知秦楼，玉箫声断，前事难重偶。空遗恨，望仙乡，一饷消凝，泪沾襟袖。

——《笛家弄》

这才是记忆中的汴京，那久违的和谐之美。清明前后，正是一年中最舒适的时光，在冬日中蛰伏的花草虫鱼，都渐渐恢复了饱满生机。西园里，百花怒放，竞相争艳，顺着南方的小路看去，芳草萋萋，露珠在草尖上熠熠生辉。气温渐渐回暖，空气微凉而湿润，在这里深深呼吸，吞吐自然，整个脾肺仿佛都被滋润。

美丽的又岂止风景？放眼望去，郊野里、溪流边、运河内，到处是前来踏春寻乐的人。在阳光熏染下，河塘波光粼粼，如光滑的明镜一般，舟楫攒动，船上的人传来阵阵欢笑，丰盛的宴席在船头摆开，贵族子弟们簇拥着几位貌美如花的女子从岸边经过，那肆意挥霍的青春，那爽朗无忧的笑声，突然搅动了词人的心怀。

“遣离人、对嘉景，触目伤怀，尽成感旧。”他仿佛置身于一个巨大的背景之中，背后是锦衣华服的士子和年轻貌美的女子。此情此景，多像数年前的自己，汴京的舞台没有改变，只是主角被时间换掉了。“感旧”二字足以说明他的所有心绪，柳三变所感何事呢？词的下阕便将读者引入了他往日的风流生活。

“帝城当日，兰堂夜烛，百万呼卢，画阁春风，十千沽酒。”过往的岁月，也曾是在酒香里溢满了欢声笑语，大醉之后，管弦声犹在耳畔，她们的一颦一笑也依稀游弋在眼帘，士子们呼朋引伴，寻花问柳，一时春光无限。“玉箫声断，前事难重偶”，人与人之间的缘分，或许真的比藕丝还要脆弱，藕断尚且丝连，人散则缘分也尽。细细思量前事，有多少遇见再也无法重复，有多少温情再也无法体会，曾经拥有过，失去才更加心酸。人到中年，明知回忆往事只能徒增忧愁，却不得不在回忆中怀念故人。

初回汴京，本应心情大好，但从现存词作来看，抑郁的情绪一直萦绕着柳三变。的确，物是人非的伤感并非每个人都能承受，街巷、秦楼、画船、酒鄠依旧是原来模样，只是昔日一起欢宴的女伴如今已芳踪难觅，她们的容颜憔悴几许？她们是否都有所归属？她们是否和他一样，在这个局外的世界踽踽独行？

在另一首词中，柳三变表达了同样的心绪：

花隔铜壶，露晞金掌，都门十二清晓。帝里风光烂漫，偏爱春杪。烟轻昼永，引莺啭林，鱼游灵沼。巷陌乍晴，香尘染惹，垂杨芳草。

因念秦楼彩凤，楚观朝云，往昔曾迷歌笑。别来岁久，偶忆欢盟重到。人面桃花，未知何处，但掩朱扉悄悄。尽日伫立无言，赢得凄凉怀抱。

——《满朝欢》

“春杪”乃暮春之意。暮春时节，诗人常作惜春之叹，而柳三变却道“帝里风光烂漫，偏爱春杪”，可见诗人的兴致似乎不错，再看看周围的风景，薄雾、青烟将远处的青山环绕，处处莺莺燕燕，好不热闹。

在这样的景致中，词人当然想到去拜访昔日相好的姑娘。“彩凤”和“朝云”当是他念念不忘的女子，自汴京一别，许久未见，也不知两人如今过得怎样，是否还记得与柳七郎的盟约。然而，等待他的却是“人面桃花，未知何处，但掩朱扉悄悄”。

唐代崔护有诗云：“去年今日此门中，人面桃花相映红。人面不知何处去，桃花依旧笑春风。”后世便用“人面桃花”形容那些偶然相遇而不可得的女子。这首《满朝欢》中，当是指那些得到过又失去的女子。

他在那门外伫立良久，门扉轻掩，却不见昔日令人心动的身影。也许她们已经搬离此处，也许她们有难言之隐而不愿相见，总之，一切皆是空欢喜。他们之间的爱情，也被时间这条河流无情地冲刷，搁浅的是誓言，失去的却是永恒。唯有“凄凉”二字，能用来形容此时失落的情绪。

故地重游，知交零落，眼前的一切仿佛在不断揭开昔日的伤疤。对汴京的感情，也由当初的崇拜变为五味杂陈，这座伤城有太多故事他不敢回忆。也许，逃离才是释怀的唯一办法。

就这样，在汴京停留数月后，柳三变骑着一匹瘦马，背着简单行囊，再次出发，只是，他没有像上次一样一路向南，而是选择西行，一路到达了关中平原。

这是一片与江南绝然不同的土地。没有流水小桥，没有烟柳翠幕，更没有碧水画船与乐坊酒舄，放眼望去，满目皆是蛮荒粗粝、广袤无垠的黄土地。狂风从这里吹过，卷起碎石如雨珠般落下，黄沙弥漫，只能看见远处一轮巨大的落日，在狼烟中缓缓下垂。柳三变便赋词一首，记录下着颇为壮观的景色：

长安古道马迟迟，高柳乱蝉嘶。夕阳鸟外，秋风原上，目断四天垂。

归去一云无踪迹，何处是前期？狎兴生疏，酒徒萧索，不似少年时。

——《少年游》

长安城原是汉唐定都之地，“长安古道”作为前往京师的必经之地，历来都是兵家必争之地，如今四海升平，“长安古道”便成了重要的交通枢纽，这里人来人往，车水马龙，无论是贩夫走卒还是豪门贵族，都在这条大道上书写着自己的传奇。

柳三变见道路两边柳树参天，树上夏蝉嘶鸣，踩在这样的厚重的土地上，不得不涌起一股历史兴亡之叹。初秋的荒原上，一两只飞鸟孤独地盘旋着，在落日的映照下，这种孤独仿佛无边无垠。“归去一云无踪迹，何处是前期?”这句看似在说天空高远，万里晴朗无云，其实乃是自喻，表明自己的身世行踪如同浮云，随风而逝，漂泊无依。因此行到此处，纵然有美酒一坛，也了无兴致，缘由只有一个，那便是“不似少年时”。词牌名为“少年游”，却在最后一句点透“不似少年时”。那沉甸甸的心情，便在词中显露无余。

在长安古地，萧条的西北风光似乎更能激发词人无尽的感伤：

参差烟树灞陵桥，风物尽前朝。衰杨古柳，几经攀折，憔悴楚宫腰。

夕阳闲淡秋光老，离思满蘅皋。一曲阳关，断肠声尽，独自凭兰桡。

——《少年游》

“灞桥”乃是古时送别之地，在灞桥折柳送别，是古人的习俗，因为常常有人离别，所以高大的柳树不断地被攀折，那模样犹如楚女纤细的腰肢，不堪憔悴。这样一片肃杀之景中，偏偏落日迟暮，令人叹息人生光阴转瞬即逝，所谓“秋光老”，老的亦是一颗少年心。

在灞桥边，听一曲《阳关三叠》，那句“劝君更饮一杯酒，西出阳关无故人”的歌词在耳边久久回荡，曲终人散，断肠离殇，独自凭栏眺望，旧时人在何方？

当你不断怀旧时，表明你正在衰老，愁到极致的柳三变，也在衰老中尝试着不断成长。

第四节

失意人，独自莫凭栏

柳三变一生创作的众多慢词小令可谓文采纷呈，如椽大笔把整个北宋市井和他悲喜交加的人生都囊括了进去。但如天上繁星参北斗，他的词作中也存在着两个无法逾越的命题——他的爱恨和他的思索。甚至他的“为赋新词强说愁”都围绕着这两个命题。

这些词作凝聚着他一生的追求，他的得意和失落都源于此。它们互相纠缠，一部分的主人公是别人，主要是写柳三变所遇歌儿舞女、闺房情怀；另一部分的描写属于他自己，主要写秋士易感、一生羁旅行役之殇。情感的种子围绕它们展开了枝蔓，开出了中国古代文坛一株凄美夺目的并蒂莲。

文字也是有年龄的，就像树的年轮，人的皱纹，岁月也会给词人笔下的文字打上了难以遮掩的烙印。人过中年的柳三变，情感的律动由激越转向了深沉。如果说年少时他的感情像是钱塘的大潮，狂澜奔涌间湮没一切；随着经历的沉淀和精力的衰退，他的情感变成了碣石边的沧海，波涛暗涌。而他的笔下，痴男怨女少了，满鬓风霜的憔悴旅人多了。

这一日傍晚，又是暮光伴随着不期而遇的秋雨，骤雨泼洒在无尽的江面上，消释了远方水天之界。雨水成了天地间的主角，世间万物经过它的洗涤，都褪去了夏日残存的最后一丝热烈，变得高峻清冷。雨后的江边，从迎面的凄凄冷风中感受着乍降的秋寒，柳三变驻足遥望，但见残照的斜阳下，山河冷落，万物凋零。于是公元 1032 年的深秋，漫游至渭南的他有感而发，写下了这首流传千古的羁旅之作《八声甘州》。

对潇潇暮雨洒江天，一番洗清秋。渐霜风凄紧，关河冷落，残照当楼。是处红衰翠减，苒苒物华休。惟水长江水，无语东流。

不忍登高临远，望故乡渺邈，归思难收。叹年来踪迹，何事苦淹留？想佳人妆楼颙望，误几回、天际识归舟。争知我，倚阑干处，正恁凝愁。

——《八声甘州》

在这里我们不得不感叹，经过岁月的打磨，柳三变的文笔修为已臻于词家大成，仿若信手而就，在不动声色间把旅人眼中的秋景，秋色里的羁旅之人写得无比生动，虽其声色渐隐，细细品来却环环相扣，回味无穷。渐起的霜风，既承接了其上的暮雨江天，又可过渡到下文的红衰翠减，空间的延展中融合了时间的推移。“残照”呼应了前文渲染的暮色，又照出了江边之楼和登楼之人。

整首《八声甘州》从泛泛的秋色过渡到近在眼前的实景，再到发自肺腑的秋情，运转地如水银泻地，圆润无隙。苏东坡说：“人皆言柳耆卿词俗，非也。然如‘霜风凄紧，关河冷落，残照当楼’，唐人佳处，不过如此。”

人间流转不息的四季风光，经过无常人世的淘洗，在柳三变的笔下独剩秋日的风景。勃勃的春光和激情的夏日虽未离他的生命远去，但在屡经坎坷的他的词作中却只是惊鸿一瞥。前路看似已山穷水尽，但他总渴望下一个转角可以柳暗花明，因而他的笔下也少有冬日的荒芜。他多情的目光总能发现美，但他的眼睛也总是带着悲伤，所以只有寂寥的秋色才是他人生的主色调。

一场秋雨一场寒，急雨后的秋风越加凄厉，也更加萧条了暮色中的关山与河道。一抹惨淡的夕阳投下微弱的光斜照在柳三变所倚的高楼之上，却未曾给这寂寥的秋色添加半分暖意，只是让他将一片落寞的红衰翠减看得真切。秋日里的江山仿佛一幅褪色的水墨画，山水姿态依旧，却繁华尽褪。

岁月催人老，常年为了功名漫游奔波的柳三变，不觉间年华已逝，已如此时的江上之景步向了一片深秋迟暮之中，只不过日落复日生，秋去春会再来，原本韶华无限的人生却就要隐遁在这蹉跎的光阴里一去不复返，他的羁旅之愁顿时溢出了胸怀。

面对寂寞秋景，柳三变不禁感叹不忍登高临远。古人对于登高总是情有独钟，常常于登高望远时触动了情肠。将登高和抒发一己情怀相联系始于孔夫子，孔子游于景山之上，子路、子贡、颜渊从。孔子曰："君子登高必赋，小子愿者何?"推至汉代，登高作赋已经成了一时之风气，《汉书·艺文志》中写道："传曰：'不歌而诵谓之赋，登高能赋可以为大夫。'言感物造端，材知深美，可与图事，故可以为列大夫也。"

习于登高创作的文人，由于敏锐的才思、宽广的心胸被视为可以托付社稷重任的贤才。至唐代，登高之作更是由于众多文坛巨匠的涉猎而大放异彩。这其中有山水诗人的情归自然，如孟浩然的《望洞庭湖赠张丞相》；也有边塞诗人的慷慨而歌，如岑参所作《白雪歌送武判官归京》；还有哲人吊古伤今，对于历史与现实的感慨，如陈子昂的《登幽州台歌》“前不见古人，后不见来者。念天地之悠悠，独怆然而涕下”，开唐诗风气之先，引无数文人竞相效仿；李贺的《梦天》“黄尘清水三山下，更变千年如走马。遥望齐州九点烟，一泓海水杯中泻”，更是把登高的壮阔和梦境的虚幻杂糅在一起，于梦中的九天之上观尽人世沧桑。明代谢榛在《诗家直说》中写道：“凡登高致思,则神交古人，穷乎遐迹，系乎忧乐，此相因偶然，著形于绝迹，振响于无声也。”不论是志行高洁、豪情壮志，还是怀才不遇、去远离乡、壮志难酬，种种情感都可凝结于登高一眺之中，古今文人怀着各自不同的目的和情怀，登临一处高绝之地，挥毫泼墨，将当时的感动凝固在历史的画卷之上供后人凭吊。

柳三变在登高时，思想也随着目光跑到了遥远的地平线之外，一时再难收回，“望故乡渺邈，归思难收”。不忍登高，因为目光之所到是可望而不可即，因为登高必望故乡，望乡便必然会陷入纠缠不休的思乡之情中难以自持。

柳三变，终其一生，都未能落叶归根，回到他日思夜想的家乡，这是他永远也无法痊愈的伤口，一触及就痛彻心扉、情难自已。柳三变回想前半生的行迹，忍不住感叹这多年的辛苦漂泊，到如今却还是孑然一身，无功名可傍，无富贵可期，难道几十载光阴皆是虚度吗？

一种相思，两处闲愁。一波未平一波又起，对故乡的怀念还未停歇，他又想起了那个在痴痴等待他归期的佳人："想佳人妆楼颙望，误几回、天际识归舟。"她伫立在高楼之上，妆点好容装等待着归来的情郎，向每一片天边驶来的白帆投去希冀的目光，又每一次都黯然神伤地垂下眼帘，一次次希望和失望的交替，冷却了一颗炽热的心，憔悴了一张美丽的容颜。"梳洗罢，独倚望江楼。过尽千帆皆不是，斜晖脉脉水悠悠。肠断白苹洲。"是否每一个临高远望的才子，都有一个远在千里之外妆楼颙望的佳人呢？少年多情，怦然心动间就定下了终身，托付了所有。年少不知世间艰辛，轻易就许下了不能实现的誓言，要用所有的青春去偿还。

乡愁、功名、红粉佳人羁绊在一起，成了一道锁死柳三变一生的结，时时扭绞着他敏感的心灵。王国维说："一切景语皆情语。""境非独景物,喜怒哀乐,亦人心中之一境界。"《八声甘州》中的柳三变告别了红尘浪子的轻薄调子，转而用秋日中的凄凉美景和严肃姿态将一个天涯沦落人的微妙情感表现得真挚动人。这也是这首《八声甘州》广受世人赞誉的原因吧。

但这对于当时的柳三变，这篇词作也只是一篇旅行日记，就如他《乐章集》中其余种种羁旅行役之作一样，不过是宣泄他的心事而已，只不过这一天他的思念格外炽烈。

第七章

守得云开见月明

年轻时，他向朝廷写了不少投献诗，大肆歌颂这盛世王朝的永恒与伟大，如今成为地方父母官，他亦毫不掩饰自己的失望与愤怒。人们在词作中惊奇地发现，这个曾经以“艳词”闻名的浪子，原来深藏着一颗勤政爱民的赤子之心。

第一节

坎坷仕途自今始

与其颂唱生的伟大，不如赞美死的不朽。因为历史长河中一个个改变的契机，并不是因为某个天之骄子的诞生而到来，而是伴着某个风云人物的死亡，而带给了身后许多人出头的机遇。柳三变的仕途能“守得云开见月明”也是因为一位权贵的陨落。

公元1033年，北宋第一位垂帘听政的皇太后，与汉代的吕雉、唐代的武则天并称于世，但又“有吕武之才，无吕武之恶”的刘皇后去逝。宋仁宗赵祯在即位十一载后终于能够独掌九五之尊的权柄。

之前的十一年，他虽号称天下共主，但整个天下都知道，北宋最高的决策者并不在朝堂的那把龙椅上，而是在龙椅右侧垂帘之后的那张凤榻之上。就连宋仁宗前期的年号也别有深意，仁宗初继承皇位，改元天圣，“天”字文为“二人”，“天圣”即“二人圣”，以为国有二主，太后与皇帝并驾齐驱。

到了 1032 年，仁宗改元明道。明者，日月并也，取其义日月同辉，与天圣异曲同工。二宫如日月普照天下，而实际上，宋仁宗一直生活在刘皇后的阴影下。要不是前朝的武后实是抢尽了男人们的风光，让宋朝群臣对历史重演忌讳非常，说不定她就成了世上的第二个女皇帝。

宋仁宗在年少时因为刘皇后专政，所以留在史书中的记载不多，但已经有了贤名。例如，他的父皇宋真宗赵桓的出殡仪式中，由于法驾灵车太过庞大，不仅无法顺利通过开封的城门，就连送葬队伍经过的街道两旁的民宅也会阻碍灵车的行进。治丧的大臣们经过商议，奏请拆掉城门和道路两侧的民居来确保仪式的正常进行。这本已得到了刘太后的同意，但当时只有十三岁的宋仁宗突然开口说道：“城门可拆，民宅不可轻动。”于是赵祯的“仁”名，从小就得以彰显。如今大权独揽，没有了束缚，他更要一展胸中沟壑，励精图治，广收贤才，成就一代仁君的典范。

明道二年三月，二十四岁的李桢开始了期盼已久的亲政生涯，他所做的第一件事就是改元，废“明道”，定 1034 年为景祐元年，以“景祐”迎和气，示万象更新，向天下宣告他的时代的到来。伴随着最高领导者的雄心壮志，这一年的开科取士也是别开生面。

北宋的文官队伍自宋仁宗起有了新的面貌，进入了文词风华的时期。他之前的宋真宗由于体弱多病，北宋的科举已经停办了多年。而再往上数，太祖、太宗两朝，国家初定，更是无暇锦绣文章。赵祯之前的大臣不论如何有经世之才或是清廉之品性，却都在文章上逊色不少。且不论开国的名相赵普，号称以半本《论语》治天下，就是当时颇有名望的老臣，寇准、王钦若等人，与其后辈相比，笔墨功夫也是不能拿来称道的。

宋仁宗即位后就大兴文治，招致范仲淹、司马光、王安石、欧阳修、苏轼、苏辙等文坛巨子伴随身侧，而景祐元年的科举就是把大宋文治推向顶峰的重要一步。这次科举贯彻了皇帝更新政局、“以迎和气”的方针，仁宗为了给自己的亲政造势，延揽声誉，向士林广开大门，大大增加了进士诸科的录取名额。而且特开“恩科”，为如柳三变这样屡试不中而“白首不得进”的学子另辟蹊径。

山重水复疑无路，柳暗花明又一村。人生的际遇就是这样神奇，因为一个女人的逝去，柳三变和众多苦寒学子为了仕途多年所耗费的心血终于得到了回报。虽然以“进士五举年五十”

的恩科作为进身之阶远没有金榜题名来得荣耀，并且快乐中还带着苦熬的萧索，他自弱冠走上追求功名之路，二十多年的求仕辛酸，放弃的太多，辜负的太多，不足为外人道的太多。但他终究是一偿所愿，从此迈入了日思夜想的朝堂。

当幸福来得太突然时，人们往往会在难以置信的惊喜下怀疑现实的真实。身在鄂州的柳三变听闻恩科的消息，便迫不及待地向汴京出发，仿若起身慢了这好不容易盼到的佳期便会如易碎的梦境般消散掉，他在梦中已不知把这一日演练了多少遍，这一刻是幻还是真？他不敢验证，只有加紧步伐，迈向幸福的终点。

一枕清宵好梦，可惜被、邻鸡唤觉。匆匆策马登途，满目淡烟衰草。前驱风触鸣珂，过霜林、渐觉惊栖鸟。冒征尘远况，自古凄凉长安道。行行又历孤村，楚天阔、望中未晓。

念劳生，惜芳年壮岁，离多欢少。叹断梗难停，暮云渐杳。但黯黯魂消，寸肠凭谁表。恁驱驱、何时是了。又争似、却返瑶京，重买千金笑。

——《轮台子》

离开鄂州的那一晚，柳三变带着对未来的憧憬做了一个甜美的梦。梦中的他是变成了一个文能提笔安天下、武能上马定乾坤的无双国士，还是衣锦还乡，携爱人之手共话前尘，他未曾提及。不过，晨晓的鸡鸣打断了美梦让他不禁感叹良宵苦短，梦的余味让他回味无穷。但他并没有对匆匆消散的美梦留恋太久，因为前方还有更美的风景等待着他，早日启程，便能早日到达美梦成真之地：汴京。

清晨，道路两边的景色仍是带着萧瑟，他早已习惯了置身一片寂寞清冷之中。或者说一时的惊喜难以冲散他身上长年累月积淀的风霜，那只能浸在长久的幸福中慢慢消融。淡烟衰草、风触鸣珂、霜林栖鸟，长安古道自古就是行人凄楚马迟迟，不会因为三两人的喜悦就换了风光，他只希望在道路尽头的那座城市，迎接他的是个艳阳天。

“早行”，古人诗中多有表现，颇为著名的有南宋诗人陈与义的一首《早行》：“露侵驼褐晓寒轻，星斗阑干分外明。寂寞小桥和梦过，稻田深处草虫鸣。”

《早行》中晨起的诗人趁着黎明前的星光踏上旅程，虽也是早行，也有难掩的寒冷，但和柳三变之作相比，两人的心情却截然不同。早行的陈与义是悠闲安适的，大约有仆人为他牵马领路，否则也不会在睡梦中安适地走过寂寞的小桥。行进在繁星点点的天空下，伴随着马蹄亦缓亦疾的节奏，耳中是稻田深处的阵阵蛙鸣，他优哉游哉的消遣着旅途中的风光。而柳三变的每一步则都踏在了自己的心坎上，随着旅程的渐尽，往事的一幕幕又浮现在眼前，令他心潮起伏。

“芳年壮岁，离多欢少”，是他过往岁月的写照。他身如残枝，无根可牵绊，无地可寄身，随波逐流于求仕之路，忍受着难言的羁旅之苦。他的人生在蹉跎中将近迟暮，本已黯淡的阳光眼看要被黑云全部吞噬。那时的彷徨、凄凉无人可诉，无地可倾吐，只能在漫漫旅途中把一切情感消磨殆尽。而如今，天可怜见，想不到等到了峰回路转，重归汴京便是这苦旅的终结，那红楼脂粉也等待着他的回归，此次的他不再会买醉浇愁，而是千金买笑、歌尽升平，为那纸醉金迷之地添一份意气风发。

追逐梦想的途中，一切所受的苦、所流的泪，在梦想成真的一刻都换了性质，变成了欢乐火焰的薪柴。景祐元年的春闱，柳三变和他的兄长同登进士第。在琼林宴上，“朝为田舍郎，暮登天子堂”的喜悦再难抑制，一曲《柳初新》顺势而出：

东郊向晓星杓亚。报帝里、春来也。柳抬烟眼，花匀露脸，渐觉绿娇红姹。妆点层台芳榭。运神功、丹青无价。

别有尧阶试罢。新郎君、成行如画。杏园风细，桃花浪暖，竞喜羽迁鳞化。遍九阳、相将游冶。骤香尘、宝鞍骄马。

——《柳初新》

春光烂漫终于再一次映入了他封锁的眼帘，低垂的北斗星柄报道着春归，柳三变的人生终于又迎来了春天。他倾尽半生走完了通向宦海的漫漫长道，在这一刻终于可以扬帆起航，而海上的风景是波澜壮阔还是恶浪滔天？他不去想，且让疲惫的他多享受一会儿春光的温暖吧。

第二节

功名路上一相逢

终于得偿所望，柳三变卸去了白衣，进入了官场。但他的起点并不高，他在科举中位列三甲，按照宋代科举制度规定，应试三甲者授予初等幕职。于是，柳三变的仕途生涯于睦州团练推官开始，这只是一个从八品的小官。

推官，始于唐代，唐人设其为观察使、节度使之属官，相当于如今的地方中级人民检察院的院长。而到了宋代，虽然继承了名称，但职能和职权范围都发生了转移，权力大小也因地而异。隶属三司下六部的推官，其职权仅相当于如今的办公室主任；隶属汴梁一地的推官权力不小，相当于现在法院院长；而如柳三变这般地方上的推官，虽名为“官”，但更像是地方官员的幕僚罢了。这相较于一心想通过仕途指点江山、光耀门楣的他的期待实是太远。但好在已入了公门，相比于前朝的士子他已幸运了太多。

在唐代，通过了进士考试只是获得了做官的资格，被称为秀才。想要获得官职，还要通过吏部严格的选试。选试分为身、言、书、判四项。最先考校的是书和判，即考校秀才的书写是否工整，文理通达程度；然后考校身和言，它们要求秀才相貌端庄，口齿清晰。

所以，古人一说到官员就称其仪表堂堂、正气凛然，这并不全是对于权贵的偏赞，官员的选拔过程中就有对官员内外兼修的要求，獐头鼠目之人想要为官可谓困难重重。选试中还有拔萃和博学宏词等各类名目，唐代大诗人白居易就是通过拔萃当上秘书省校书郎的，而唐宋八大家之一的柳宗元则是以博学宏词得任集贤殿正字。

唐代选试的困难程度不下科举，甚至犹有过之。许多举子早早通过了科举，以为功名可期，却在选试之上熬白了头。“文起八代之衰”的韩愈，后来历任大唐兵部侍郎、吏部侍郎、京兆尹等要职。但他在高中进士后，三次被吏部选试拒之门外，他又得不到当朝高官的“论荐”，走投无路之下只得远离长安，为了寻觅为官之机，投奔到宣武军节度使董晋的麾下担任幕僚。

最后通过董晋的举荐，才当上了秘书省校书郎这样的九品小官。

宋代废除了科举后选试的流程，进士及第就可获得官职，科举中出类拔萃者甚至可以一入仕途就得到高官厚禄，不用从底层熬起。所以柳三变虽然未能一跃飞上最高的枝头，但总算获得了向上攀爬的阶梯，不用像前人般十年寒窗后又进入另一段苦熬。

柳三变告别汴京，奔赴千里之外的睦州。他途经苏州，偶闻知睦州的范仲淹已经调到苏州为官，于是前往拜会，还特意做了一首《瑞鹧鸪》相赠。

吴会风流。人烟好，高下水际山头。瑶台绛阙，依约蓬丘。万井千闾富庶，雄压十三州。触处青蛾画舸，红粉朱楼。

方面委元侯。致讼简时丰，继日欢游。襦温袴暖，已扇民讴。旦暮锋车命驾，重整济川舟。当恁时，沙堤路稳，归去难留。

——《瑞鹧鸪》

就在不久之前的景祐元年正月，范仲淹因为上书反对仁宗废郭皇后而再次遭到贬谪，被下放到睦州为官。郭皇后原本是后周大将郭崇的孙女。郭崇归顺宋朝之后，忠心耿耿，宋太祖赵匡胤对其青睐有加，后来由大权独揽的刘皇后一力主张将郭崇的孙女许配给赵祯为皇后。

仁宗皇帝对于这个皇后人选并不满意，但无奈刘皇后的强势，只得俯首称是。他在婚后对郭皇后不假辞色，转而流连在美人杨氏和尚氏的宫闱中。为此，郭皇后内心气愤难平，但一直隐忍不发，她对皇帝也是无可奈何。有一次，恃宠而骄的尚氏竟然当着仁宗的面对郭皇后冷嘲热讽，这让她再难忍心中的怒火，恼羞成怒之下要去追打尚氏，却不料一掌误落在了一心围护尚氏的仁宗脖子上。龙威不可侵犯，再加上借题发挥，仁宗就要废了郭皇后。

时任宰相的吕夷简对郭皇后的刚愎自用早已心生芥蒂，身为内侍的阎文应对郭皇后也是嫉恨良久。值此大好时机，二人内外勾结对废后之事推波助澜，连番怂恿仁宗。消息传出，众多官员皆感此举不妥，范仲淹听闻此事，毅然决然地站了出来。他向皇帝上书劝谏道：皇后贵为一朝国母，无失德之大罪，不可轻易废立，唯恐朝野动荡，天下非议，有失国体。

为了谏止仁宗，以右司谏范仲淹、右谏议大夫权御史中丞孔道辅为首的大批文臣集合在垂拱殿外，要求面见仁宗。但宋仁宗避而不见，派出吕夷简与群臣周旋，本就理屈的吕夷简被众人驳得无言以对，只得再次回禀仁宗众人的请求。

第二天，踌躇满志的众人奔向待漏院，不料未等到仁宗的亲临，却等来了一纸贬谪的诏书，令范仲淹出知睦州，孔道辅出知泰州。再次受挫的范仲淹终日郁郁寡欢，但皇帝为政的偏颇并未冷却他忧国忧民、以身报国之心，在《谪守睦州作》中他写道："重父必重母，正邦先正家。一心回主意，十口向天涯。铜虎恩犹厚，鲈鱼味复佳。圣明何以报，殁齿愿无邪。"

景祐元年六月，范仲淹迁知苏州，时逢当地大雨不止，酿成水患，"湖溢而江壅，横没诸邑"，受灾民众多达十万户。生民罹难之际，他临危受命，一到任就马不停蹄地走访水患现场，深究根源，遍查前人治水经验，最终确立了疏白茆江等五河、导太湖水入江海的方案。他在一年多的时间里废寝忘食，亲自主持监督疏浚河道的工程，终于为江南解除了水患，恢复了苏、常、湖、秀四州的农业生产，保大宋社稷安稳。

柳三变遇到范仲淹时，正是水灾未消，但已得到了控制之时，苏州在范仲淹的治理下恢复了元气，重返繁华。二人皆有文名在外，柳三变是井水处必歌其词作的白衣卿相；范仲淹是"先天下之忧而忧，后天下之乐而乐"使得宇内震动，天下传扬。

但若论为官，柳三变与范仲淹相比，就望尘莫及了，尽管此时的范仲淹处于仕途的低谷，身为一州主官的他还是个需要在仕途上初出茅庐的柳三变仰视的存在。柳三变所作这首《瑞鹧鸪》便多少带了些奉承攀附的味道。他先是赞扬范仲淹将此地治理得物阜民丰，又歌颂他在苏州的功绩，最后祝愿范仲淹在不久的将来仕途高举，重归中枢。

苏州自古人杰地灵，已经用太多笔墨夸赞过它的柳三变这一次仍毫不吝惜对它的美赞，将此处的山水、人文，遍地的富贵一一道了个遍。青山如帐，碧水如纱，在这如烟的纱帐里，锦户秀阁，座落参差十万人家。远远看去富贵不似人间，仿佛蓬莱仙山上的瑶台绛阙。青蛾画舸，红粉朱楼又为这人间胜地添三分旖旎风情。

接着歌颂范仲淹的功绩时，柳三变圆滑地忽略了他被贬的尴尬遭遇，借用了许多典故来装点对其的赞誉。范仲淹治理苏州后，政治清明，讼阁清闲，民生富庶免于流离失所。黎民百姓齐唱《襦袴歌》，竞相讴歌他仁风扇动、甘雨随车的仁德惠政，不日之后就要驾起追锋车疾驰而去，重整济川之舟。他终究会踏上直通中枢的康庄大道，等到那时，回归权力中心是谁也无法挽留的事情。

济川舟的典故出于《尚书·说命上》：高宗以傅说为相，“命之曰：‘朝夕纳海，以辅台德。若金，用汝作砺；若济巨川，用汝作舟楫；若岁大旱，用汝作霖雨’”。柳三变用之既赞美范仲淹为社稷不可缺少之栋梁，又祝愿他终会出将入相，迈向人臣的巅峰。

历史记载中关于柳三变和范仲淹的交集仅限于这首词作，其余细节都不曾流传，不知道正为了江山万民忧心的范仲淹看到这首词作时是怎样的表情。一个是秉承儒家传统，以天下兴亡为己任的贤士；一个是曾以离经叛道闻名的“浪荡子”，他们的相遇是宾主尽欢还是虚与委蛇，大约只有当时的风月可以知晓了。

第三节

梦醒不如归去

睦州位于浙西地区，下辖建德、桐庐、分水、寿昌、青溪、遂安六县，兰江、新安江和富春江三条河流在此地交汇。这里在隋代已被开发，当年北方人随着大运河南下，迎着富春江的河水逆流而上抵达睦州，在此地稍事休息，采补给养，然后由兰江顺流南下，前往福建、江西、两广，或者沿着新安江到达安徽等地。睦州是南来北往重要的交通枢纽，商贾云集，物产汇聚，繁华之处不下苏杭。

而且此地还是个风景如画的鱼米之乡，宋仁宗在废后之事上虽意气用事，一怒之下将范仲淹贬谪出京，但身为一代仁君，他也自知理亏，不忍让自己的股肱之臣受穷山恶水之苦，特意挑选了个物阜民丰、山清水秀之地让他暂居。范仲淹被贬至此，称自己到此处是“静临水木之华”，还曾在《睦州谢上表》中感谢皇帝“赎以严诛，授以优寄”的宽仁之举。

范仲淹只在睦州做了两个多月的地方官，就迁知苏州了，接替他的人叫吕蔚，是已故宰相吕端的次子。身为两朝元老的吕端深受宋真宗的仰仗，他晚年身体抱恙，希望辞官还家，宋真宗不肯就这样失去能臣的辅佐，拒绝了他的请求，但同时免去了他进殿朝见的礼节。

吕端重病后，真宗还曾亲自前往探视。他对吕端的恩荣还延及他的后代，景德二年，宋真宗听闻吕端后嗣不振，授予其次子吕蔚奉礼郎的官职，后来仕至太子中舍。到了景祐元年，吕蔚接替范仲淹知睦州。当然，在这里值得强调的还有吕蔚另外一个身份——柳词的追捧者。

太容易得到的事物，人们往往不加爱护；只有体会到了它的来之不易，人们才会倍加珍惜。爱情、金钱、健康都是如此，功名也不例外。柳三变蹉跎了半生才走上了为官之路，由不得他不小心翼翼、兢兢业业。他竟然收起了已沉浸到骨子里的放荡不羁，远离了花天酒地，洁身自好，一心要做个能臣贤吏。官职虽小，所做事务虽琐碎，他也没有任何怨言，时光的磨砺已经削平了他身上众多的棱角，还有什么能比漫无边际的等待更加煎熬人呢？既然已身在公门，有了施展的舞台，不论这方天地有多狭小，也阻拦不住他燃烧自己的热情。他只需做尽自己的本分，用好一身才华，静等乘风青云直上的那一天到来。

柳三变是幸运的，他初入官场就遇到了肯赏识自己的上司，吕蔚本就欣赏他词作上的才华。只是“浪荡才子”的名号实是惹人误会，起初吕蔚也未敢对这声名赫赫的手下抱太大期望，只道手底下多了个善于作曲填词的妙人，为闲暇多添几分乐趣。至于从政为官的真才实干，能够草草应对即可。

但在柳三变到任三两日间，谈吐中流露的不凡，举止间惹人钦慕的风度都让人为之眼前一亮，让他大感意外。吕蔚又暗中观察数日，更为了柳三变难以遮掩的才华、废寝忘食的为政态度而深受触动，对其赏识非常。乃至柳三变只为官月余时间，他已止不住大呼屈才，不顾礼制，迫不及待地向朝廷举荐这位流落市井多年的贤才了。

假如这次举荐能够顺利，柳三变的仕途无疑会顺风顺水很多。这或许会为他在北宋官场打响名声。新官月余即被上司举荐高升，这必将会成为一时美谈，不仅是对才能的铁证，说不定还可以让朝堂之上的大人物改变对他的一贯看法。但人生不如意十之八九，命运再一次在柳三变面前展现了其多变的面目：前一刻它还温情脉脉，转眼间就又恢复了冰冷残酷。原本慧眼识金的美事到最后却成了个官场间的笑话。

叶梦得《石林燕语》卷六载："祖宗时，选人初任，荐举本不限成考。景祐中，柳三变为睦州推官，以歌词为人所称。到官方月余，吕蔚知州事，即荐之。郭劝为侍御史，因言三变释褐到官始逾月，善状安在而遽荐论？因诏州县官初任未成考不得举，后遂为法。"

一个小小从八品官员的升迁所引发的风波最终竟然令大宋朝改制，柳三变刚刚燃起了一簇希望的篝火，迎面而来却是滔天的浪潮，不仅扑灭了一切还带来了彻骨凄寒。非议、怀疑、冷嘲热讽接踵而来，人们总是不惮于以最大的恶意揣摩事件，尤其是事件中的主人公身上还有未洗清的污点。

归根结底，还是他前半生不容于儒家正统的行止"恶名"在作祟。他猛然间意识到了一切都没有想象中那么美好，所谓"洗心革面"只是他的一厢情愿，就算他可以用近在眼前的事实让身边之人扭转态度，但他又如何能改变天下人先入为主的观念呢？人生的长卷无法想当然地割裂，他注定要为前半生的放荡不羁埋单。冰冻三尺非一日之寒，三十载积下的成见需要时间来洗涤，但偏偏年已及艾的他光阴已不多。

这次举荐不成对柳三变的挫败很大。官场险恶，前途艰难，即便好不容易得到贵人相助也难敌时运不济。他变得郁郁寡欢，对一切失去了兴致，只好到野外踏青一展愁肠。

暮雨初收，长川静、征帆夜落。临岛屿、蓼烟疏淡，苇风萧索。几许渔人飞短艇，尽载灯火归村落。遣行客、当此念回程，伤漂泊。

桐江好，烟漠漠。波似染，山如削。绕严陵滩畔，鹭飞鱼跃。游宦区区成底事，平生况有云泉约。归去来、一曲仲宣吟，从军乐。

——《满江红》

每逢柳三变失落时，都喜欢到水边徘徊。大概无边的水天可以让他能够尽情地倾吐吧。《雨霖铃》中的“千里烟波，暮霭沉沉楚天阔”，《采莲令》里含“更回首，重城不见，寒江天外，隐隐两三烟树”，《临江仙引》里有“今宵怎向漏永,顿成两处孤眠”。

上善若水，纤柔的流水治愈着他的伤痛。善载莫过于水，苍茫深广的水面承载着千古的情愁忧绪，也能让他暂时卸下难以名状的凄苦。水是自由的，无常势也无常形，潇洒行于天地间，化为朝露暮雨、秋霜冬雪，起舞于九天，奔腾于黄泉。饱受羁旅行役之苦的他钦羡水的自由安然。他也本是红尘中的一股清泉，是何时困于樊笼，不由自主地浑浊腐朽呢?

黄昏时节，刚刚停歇的暮雨给江面染上了一层朦胧的雾霭。柳三变独立在江边感受着铜川江畔的静寂，看着江水无声东流而去，其上几叶风帆落下了，伴着夜色的降临缓缓靠岸。他借着最后一缕微光遥望水中的洲渚，但见水蓼疏淡如烟，层层芦苇被江上的寒风吹动间透着萧索。一切都在暮色里沉入了晦暗消沉。

惊现的晚归渔舟打破了江上的静谧和伤感，它匆匆驶向村落之中，那上面的点点渔灯的光芒，闪烁于夜空下，映射在江面上，在笼罩一切的黑暗里急速游动。温暖的灯火，是归家者的信号，安抚着岸边守候的人们，它象征着家庭、亲情、等待，还有收获的满足。柳三变何时才能载着自己的梦想靠岸呢？岸边守候他的人会是谁呢？远方的一点温暖将失意者的寒夜映衬得更加凄凉。

这几十载，他都步履维艰，每一次启程都是忍痛割舍、纠纠缠缠。当他以为终于走到终点时，又发现宦海无涯，前方还有很远的路要走。他的心一下子倦了，目光一下子黯淡了，也许是该回到那个熟悉安逸的地方了。

一夜过后，柳三变迎着晨光醒来，见船沿秀丽桐江前行，出尘美景使所有烦恼一扫而光：桐江上，烟水漫幻，腾起阵阵晨雾，江中碧波似染，岸边峰峦如削；船过严陵滩，东汉名士严子陵曾在此处隐居。只见白鹭悠然在船头飞舞，鱼虾在船旁欢跃出水面。他确确实实生出了归隐之心，不仅因为渔家简单的幸福激起了他对家庭的渴望，也因为严陵滩世外桃源般的风光勾起了他逃离嘈杂俗世的念头。

“游宦区区成底事”，既然一事无成，还有什么放不下呢？不如归去，不如归去！从前他在漫漫长路上奔波是为了得入仕途，如今入了仕途却发现脚下这条路仍是无穷无尽。意倦神疲，心灰意冷，他是真的累了，无力再做那个官宦之梦了。

第四节
《煮海歌》中赤子心

升迁无望后，柳三变在睦州的日子便分外漫长而悠闲。完成每日的政务后，便在闲暇的时光里喝酒品茶，游山玩水。睦州是个小城，风景优美，民风淳朴，一年下来，倒也没有什么要紧的事务，因此除了优游岁月，似乎也无别事可做。当地的文人墨客对大名鼎鼎的柳三变倒是非常熟悉。时常有文人来访，同柳三变一起切磋词艺，饮酒赋诗。这种日子过了两年有余，相比较之前漂泊的经历，这里的生活已是圆满美好。当柳三变都认为自己要在睦州终老时，一纸调令又打碎了这静好的时光。

景祐四年（公元 1037 年），柳七从睦州团练使推官调任余杭县令。从此处到彼处，既是为官之人，也不必追问朝廷调任的缘由。和他的父亲柳宜一样，柳三变的宦游生活似乎才刚刚开始。他亦没有什么怨言，只是奉命启程，前往余杭县。而柳三变在睦州，这座温柔的小城的故事也到此剧终了。

这一年，他已经五十四岁。在余杭县，一切又重新开始，他勤勉政务，兢兢业业，日子踏实地像一个规矩的三角，并不因为年龄、职位、地点而有丝毫改变。他为官清正，当地讼简词稀，百姓对他十分爱戴。清代嘉庆《余杭县志》把他归入名宦之列，记载道："柳永字耆卿，仁宗景祐间余杭令，长于词赋，为人风雅不羁，而抚民清净，安于无事。百姓爱之，建玩江楼于溪南，公余啸咏，有潘怀县风。"

上任不久，他便主持修建了余杭苕溪南畔的玩江楼，将此楼作为文人骚客雅集之地。每逢佳日，玩江楼上就预备好笔墨纸砚、酒茶甜点，鸿儒俊彦汇聚于此，或高谈阔论，或饮酒品茶，或临溪赋诗，或投壶游戏，一时间，甄江楼便成了当地文人不得不光顾的场所。

柳三变惜才爱民，胸怀大度，对于潦倒的文人也尽力接济，甄江楼上宴饮不断，甚至宋代以后，也常有余杭文人聚集于此，谈琴棋书画，品诗酒花茶。明代有位叫田艺蘅的文人作诗云："息戈重作太平民，载酒江楼唤永新。白雪调高人似玉，青霞杯暖笑春生。"诗下自注："余杭有柳耆卿玩江楼遗迹。青霞杯，高丽瓷器，徐民所藏。"

这座玩江楼，从某种意义而言，也代表着大宋盛世下文化昌盛的标志，只可惜，如今的玩江楼已经被湮没在历史无情的尘埃之中，人们只有在那一片芳草萋萋的河岸边，遥想当年一袭青衫的柳三变的风姿。

公元 1039 年，柳三变在余杭县任职不久，朝廷又是一纸调书将政绩卓越的他调离，任命为浙江定海晓峰盐场的盐监。所谓"盐监"，是宋代设立负责管理监督盐场的行政长官。这一职务，是柳三变从未涉足的领域，因此盐场于他而言，也是一个陌生而新奇的存在。初到晓峰盐场，他便被那与众不同的景色所吸引。宋代祝穆的《方舆胜览》记载："柳耆卿监定海晓峰盐场，有题咏。"所谓"题咏"指的是他刻石于官舍的《留客住》。

偶登眺。凭小阑、艳阳时节，乍晴天气，是处闲花芳草。遥山万叠云散，涨海千里，潮平波浩渺。烟村院落，是谁家绿树，数声啼鸟。

旅情悄。远信沈沈，离魂杳杳。对景伤怀，度日无言谁表。惆怅旧欢何处，后约难凭，看看春又老。盈盈泪眼，望仙乡，隐隐断霞残照。

——《留客住》

晓峰盐场位于舟山群岛附近，四周是汪洋大海，每逢涨潮，大浪翻涌，如万马奔腾，如千帆竞渡，景象颇为壮观，常常激起观潮者的满腔豪情。柳三变立于海边，对这大浪淘沙的景象并无多少兴致，此时，他已年过半百，早已从波澜壮阔走向了波澜不惊，锐气不及当年，而捕捉美的能力却丝毫未减。

沿着海岸向陆地看去，一座座平静的村落像偶然遗失人间的翡翠。艳阳高照的日子，南方亚热带的花草疯狂地生长着，这里的天气随着季风而阴晴不定，温暖的阳光也因此显得分外珍贵。村庄里绿树环绕，茂密的森林仿佛自然的栅栏，圈出一个静谧的世外桃源。远处，鸟在鸣叫，虫在低语，蜂飞蝶舞，流水汩汩。

这样的时光本是静好，但柳三变却发出了“对景伤怀，度日无言谁表”的感叹。或许是因为这天涯之南，仍旧无法安放他漂泊的灵魂；或许是因为对游宦生活的无奈、对坎坷仕途的失落无以言表；又或许是因为时光流逝地如此轻巧，岁月在他心里划出一道深深的凹槽……总之，在这茫茫大海边，柳三变看清了这潮涨潮落背后的人生百态。他心里亦有一片海，年少时风起云涌，如今又归于平静，他也说不清楚，在这个暗流涌动的世界，自己究竟在挣扎什么。

他对仕途已是心灰意冷，倘若朝廷想重用他，早已将他调任汴京，而不是在这愈加偏远之地自生自灭，他也不愿沉浸在这种悲伤的情绪中，但他无力救赎。伤春悲秋，似乎已成为敏感的词人的习惯，这里的一丝风、一片落叶、一只孤鸟都会在他心底掀起可怕的波澜。

虽然心如死灰，但柳三变在任职期间绝不敷衍，到盐场不久，他便走访当地百姓，体察民情，了解当地盐民亭户的生活。这一走访，他愕然发现，原来在这太平盛世背后，还有许多百姓生活在水深火热之中：

煮海之民何所营？妇无蚕织夫无耕。衣食之源太寥落，牢盆煮就汝轮征。年年春夏潮盈浦，潮退刮泥成岛屿。风干日曝盐味加，始灌潮波溜成卤。卤浓咸淡未得闲，采樵深入无穷山。

豹踪虎迹不敢避，朝阳出去夕阳还。船载肩擎未遑歇，投入巨灶炎炎热。晨烧暮烁堆积高，才得波涛变成雪。自从潴卤至飞霜，无非假货充餱粮。秤入关中得微值，一缗往往十缗偿。周而复始无休息，官租未了私租逼。驱妻逐子课工程，虽作人形俱菜色。煮海之民何苦辛，安得母富子不贫！本朝一物不失所，愿广皇仁到海滨。甲兵净洗征轮辍，君有余财罢盐铁。太平相业惟尔盐，化作夏商周时节。

——《煮海歌》

在古代，盐和铁由政府垄断买卖，一方面因为盐铁资源有限，另一方面是由于盐铁是日常生活和军事活动的必需品，控制了盐铁买卖，不仅能从中为朝廷牟取暴利，还能起到稳定社会统治的作用，所以，中国盐铁专营始于汉代，历代王朝皆沿袭旧制。明代官员王铎曾言："笼天下盐铁之利，则军帅无侵渔，逭行无绝饷，而中国可高枕矣。"如此重要的资源，朝廷当然严加控制，宋代盐法苛刻，盐税太重，加之当地官员的层层盘剥，盐民的生活自然苦不堪言。这首《煮海歌》便反映了盐民的真实生活。

盐民既无耕地，也无蚕桑，只能靠海吃饭，以卖盐为生，每日退潮之后，便有衣衫褴褛的盐民来到海滩，刮泥、风晒、灌湖、采樵、溜卤、煮盐，必须经过一道道严格的程序，耗费大量的精力，才能制作出符合官府要求的盐粒。

好不容易做出了盐，却又有无穷烦恼。官府规定，盐品禁止私人买卖，做好的盐只能等待官府前来收购，而在此期间，盐民只能借贷来维持生计；好不容易等来了官府收购，却发现官府付的报酬一年比一年少，而盐税却不断增加，拿到手里的钱，甚至还不够偿还债务。如此恶性循环，盐民的妻子也不得不出去做工，全家人都落得面如菜色、形销骨立。

“煮海之民何苦辛，安得母富子不贫！”这是他对朝廷震耳发聩的质问：朝廷本当是百姓的父母，为何如今母亲富甲四海，而子民却穷困潦倒？

年轻时，他向朝廷写了不少投献诗，大肆歌颂这盛世王朝的永恒与伟大，如今成为地方父母官，他亦毫不掩饰自己的失望与愤怒。这首为民请命的诗篇，成为柳三变文学生涯中的一朵奇葩。人们惊奇地发现，这个曾经以“艳词”闻名的浪子，原来深藏着一颗勤政爱民的赤子之心。

清代诗人朱绪曾，特意为柳三变作诗曰：“积雪飞霜韵事添，晓风残月画图兼。耆卿才调关民隐，莫认红腔昔昔盐。”

“洞悉民瘼，实仁人之言。”这是朱绪曾对《煮海歌》的评价，也是对柳三变的赞誉。看来历史终究是公平的，柳三变所失去的，一定会以另一种方式归来。

第八章 落寞晚年凄凉了

当追忆成为一种习惯，那么衰老也会悄悄走来。站在人生的白塔上，岁月悠久，沉淀如沙，柳三变的回忆开始在无数个失眠之夜游弋。那片白色的幽影，盘旋在高空，他从高处俯视回忆，像俯视一个最熟悉的陌生人。

第一节

暮年词祸

当追忆成为一种习惯，那么衰老也会悄悄走来。站在人生的白塔上，岁月悠久，沉淀如沙，柳三变的回忆开始在无数个失眠之夜游弋。那片白色的幽影，盘旋在高空，他从高处俯视回忆，像俯视一个最熟悉的陌生人。

犹记得，崇安故乡洁白的墙壁，黑色的砖瓦，幼年的自己在草丛中玩耍，在父亲严厉的教诲中，他扑通跳进水里，起来便看见那日与妻离别的少年，他的眼里也有泪花，而她的面容竟有些模糊；他策马而去，尘埃里走出一袭白衣的青年，他面容清秀，须发整洁，正把玩着手里的折扇，一个女子向他盈盈走来，他放肆地大笑着，将一杯美酒递到她唇前；他醉了，捧起那琉璃制的夜光杯，突然低首看见酒杯中的那个倒影，头发斑白，面容憔悴，眼睛也如茫茫黑夜般没有半点光亮……他惊叫一声，梦，就这么醒了。

窗外，大海的波涛发出阵阵咆哮，如雪的泡沫在沙滩上迸裂，倘若年少时，他一定会为这样的壮阔之境而亢奋，而他，只是起身泡了一杯青茗，月光下，那是一个六十岁的侧影。六十岁，已经是孔圣人口中的“耳顺之年”了。所谓“耳顺”，就是外界的任何言语，毒辣粗野或甜言蜜语，在他的心里都激不起半点波澜。柳三变虽未能做到此境界，但人生的大起大落他已经历过，也已经读懂了人间冷暖与世间百态的含义。那一颗心灵，犹如一颗核桃，千疮百孔，却异常坚硬。

随年龄而到来的，还有智慧。那是一种老者所独有的魅力，是大海深处最纯净的白沙，它曾经被滔天巨浪高高卷起，如今又在岁月中温柔沉淀。他像一座安静的古堡，与自己的故事相依为命。

九年过去了，当日进士及第的喜悦已被日子打磨得日渐黯淡。按照常理，为官九年，早应当有所升迁，而朝廷似乎已经将他遗忘。按照宋代官制，文官包括幕职州县官、京官和升朝官三类，前者即所谓的“选人”，是初等官职；后两种是“京朝官”，属中高级官职。想由选人进入京官行列，就要先通过复杂的考察程序，也就是朝廷对官员政绩的认可，然后再有人举荐，才有可能通过。选人的官职，一般每任三年，每年一考，通过这三任六考的磨砺，才可有所升迁。而柳七在睦州、余杭、定海任职九年有余，且政绩颇佳，论理当赴京任职才是。

一番漫长的等待，他终于盼来一纸调令。庆历三年（公元1043年），他被调任为泗州判官，仍是幕职。他自知升迁无望，却没料到朝廷对他竟如此冷淡。他不由得想到父亲柳宜，如今二人的命运如此相似，曾经的他还不理解父亲的眉宇为何总是紧皱，如今他突然读懂了一切，既然生活的本质就是忍耐，他也只好继续那颠簸的路程。

这年秋天，朝廷发生了一桩大事。司天台报告说老人星垂眷天际，老人星乃是象征长寿的星宿。宋仁宗听后大喜，适逢教坊进献一首新曲《醉蓬莱》，于是一位“爱其（指柳永）才而怜其潦倒”的史姓官员趁机向皇帝推荐柳七，称他擅词，可以令他应制新词。仁宗对柳三变早有耳闻，虽没什么好印象，但念在心情大好，倒也无妨给他一个机会，便欣然同意。

消息传到柳三变耳中，他又惊又喜，他没想到在这暮年之际，还有机会向皇帝投献，而且这一次，是皇帝御点了他的名字，可见朝廷并未将他完全忘记。倘若博得皇帝喜爱，这将是他命运转折的一次关键契机。况且他写过不少投献词，对这种歌功颂德的词体更是手到擒来。他思索再三，便挥笔写下这首《醉蓬莱》：

渐亭皋叶下，陇首云飞，素秋新霁。华阙中天，锁葱葱佳气。嫩菊黄深，拒霜红浅，近宝阶香砌。玉宇无尘，金茎有露，碧天如水。

正值升平，万几多暇，夜色澄鲜，漏声迢递。南极星中，有老人呈瑞。此际宸游，凤辇何处？度管弦声脆。太液波翻，披香帘卷，月明风细。

——《醉蓬莱》

初读此词，并未觉得有何不妥，与柳三变之前的投献词相比，甚至少了一些富丽堂皇和王者霸气，但此词的内容却是值得把玩的。开头两句，化用梁代诗人柳恽诗句“亭皋木叶下，陇首秋云飞”，描述了一番迷人的秋景：雨后初霁，天高云淡，纷飞的枯叶如蝴蝶般翩翩起舞，远处，恢宏华丽的宫殿高高耸起，直上云霄，飞宇凌云，雕龙舒展，笼罩着一股王者的贵气。玉砌的石阶下，菊花怒放，吐出一个个金色的锦绣，而枫叶绯红，迎风招展，似乎也在昭示着生命的高潮，这绚丽多姿的百花，消融了秋日的肃杀之气，为王朝点缀出妩媚的身姿。

出现这样祥和的景象，并非没有原因。当朝皇帝日理万机，爱民如子，因此四海晏清，国库充盈，百姓遇到这样的升平盛世，实乃万幸。在这样澄净的夜晚，老人星在夜空熠熠生辉，预兆着皇帝长寿，天下安宁祥泰。太平之年遇见这样的祥瑞，真是喜上加喜，皇帝乘兴出游，秋日的美景映衬出他的威严，又有悦耳的丝弦演出助兴，君臣同乐，好不快活！回到宫廷，在秋风吹拂下，太液池碧波荡漾，轻卷香帘，一轮圆月悬于夜空，清明的恩泽普照大地。此情此景，真如蓬莱仙境，妙不可言。

字里行间，既有文人的雅致，又不失含蓄的态度。比起那些大肆宣扬、歌功颂德的词作，反而更值得咀嚼。据宋代《渑水燕谈录》记载，柳三变“欣然走笔，甚自得意”，他对自己的作品颇有信心，自认为定能得到皇帝的赏识，人生从此峰回路转、大有转机。但是，现实往往出人意料，仁宗皇帝对柳三变的风流生活早有耳闻，本无多少好感，但念在他为官多年，兢兢业业，又有身边大臣力荐，便决意给他一次机会。至于这篇作品，皇帝当然会细细品读。

上见首有“渐”字，色若不悦。读至“宸游，凤辇何处”，乃与御制真宗挽词暗合，上惨然。又读至“太液波翻”曰：“何不言波澄?”乃掷之于地。永自此不复进用。

——《渑水燕谈录》

先是面色不悦，继而神情惨然，最后一怒之下将词作掷于地上，皇帝的心情之差可见一斑。这篇贺词到底出了什么问题呢？“渐”字缘何不妥，后人不得而知。但在贺词中出现与真宗挽词相似的字句，实属大忌。而太液池乃皇家独有，“太液波翻”似乎在暗示皇帝有所不测。如此读来，难怪仁宗会龙颜大怒。

文字之祸，是历代文人的噩梦，仁宗之举还算宽厚，只是断了柳三变的仕途，而没有将他投入囹圄，甚至施以极刑。常言道“伴君如伴虎”，柳三变何尝不懂这个道理，此番触怒圣上，或许因为不够谨慎，或许因为缺少经验，或者就像柳三变所相信的那样，一切都是命运。既然命中注定与仕途无缘，任他怎么挣扎也是徒劳。

多年前因《鹤冲天》而惹得祸事还历历在目，如今悲剧重演，心境却大不相同。年少轻狂时，对朝廷的黜落还会感到愤愤不平。如今这桩祸事降临，他既无多少愤怒，也无任何怨言，只是默默承受着一切，犹如古希腊神话中推着巨石上山的西西弗斯，明知前路暗淡，仍固执地蹒跚独行。

第二节

岁月飘零终成灰

《醉蓬莱》之后，因为触怒仁宗，眼看回京任职无望，他便把希望放在了另一名官员手中——同为著名词人的宰相晏殊。他希望德高望重的晏殊能为他在皇帝面前开脱一番，好早日洗脱罪行，离开那蛮荒之地。

那一日，他来到晏府，见到了众人眼中的“朝中贵人”——晏殊。站在晏殊面前，他惴惴不安地表达了来意，对方沉默片刻，突然问道：“俊贤作曲子么?”柳三变有些诧异，回答道：“只如相公，亦作曲子。”这是一句巧妙的回答，带着讨好与亲近：“我像你一样喜欢作词啊!”既然有共同爱好，那么文人之间想必会惺惺相惜，晏公出手相救也未可知。柳三变不禁飘然，等待着晏殊的回答。

谁料，晏殊不动声色地说道：“殊虽作曲子，不曾道‘针线闲拈伴伊坐’。”我晏殊虽然也作曲子，但不曾写过像“针线闲拈伴伊坐”的字句。原来，这位宰相大人对柳三变的词名颇为不屑，和众人的看法一样，他也认为柳三变的词章乃是不入流的淫词浪语，更不配与他当朝宰相的风月词相比。史书上没有记载柳三变听完这句话之后的反应，但这句不动声色的嘲讽，一定深深刺痛了他的心。

自春来、惨绿愁红，芳心是事可可。日上花梢，莺穿柳带，犹压香衾卧。暖酥消，腻云亸，终日厌厌倦梳裹。无那。恨薄情一去，音书无个。

早知恁么。悔当初、不把雕鞍锁。向鸡窗，只与蛮笺象管，拘束教吟课。镇相随，莫抛躲。针线闲拈伴伊坐。和我，免使年少，光阴虚过。

——《定风波》

这首被晏殊取笑的《定风波》是柳三变年轻时所作，内容与他早期作品所表达的思想相似。词中的女子等待那薄情儿郎，有怨、有恨，然而终归被那无尽的思念所缠绕，她后悔当初的轻易离别，幻想着二人针线闲拈，长相厮守的模样。而“和我，免使年少，光阴虚过”，更像是词人自己的独白，表达出对羁旅行役生活的无奈和青春飘零的惆怅。

纵使被他人无情地嘲弄，柳三变还是不会怀疑自己的作品的。那些文字，记录了他走过的光阴，一篇一篇诗稿，是一帧一帧剪影，在流离的岁月中，拼凑成他心灵的倒影。而晏殊之流，也许不过就想通过贬低他的作品以标榜自己的清高，文人之间，惺惺相惜甚少，而“文人相轻”恐怕才是常态。

不久之后，范仲淹任宰相一职，向心怀大志的宋仁宗提出“庆历新政”的方案，这其中就包括对原有官职审查制度的改革，改革之后，原有受到不公平待遇的官员可以向朝廷提出申诉，待复审合格后，便可得到妥善处理。柳三变得知后，便及时向朝廷提出了申诉请求，终于，经过吏部复查磨勘成为京官，改官著作左郎，后被授官西京灵台令。

几年后，他官至屯田员外郎，属从六品，却是京官中品衔最低的。这是他此生官宦生涯的终极，后人也因此称他为“柳屯田”。事实上，没有人关心他在屯田员外郎这一卑微职位上做过什么，有什么政绩，人们更习惯打听他的风流往事和他笔下的那些相思风月。柳三变的真正追求，终究被历史遗忘了，而他因此焕发出的魅力，却始终吸引着人们的目光。

其实于他而言，能留在一生挚爱的汴京，已是心满意足。他正衰老，他已年迈，他最大的心愿就是在高台上眺望这繁华的汴京，追寻那逝去的欢欣。岁月的沉淀令他像一坛老酒，静静栖居在此处，此处便有淡淡酒香。

北宋官员年满七十而致仕，皇祐五年（公元1053年），七十岁的柳永终于离开了政治舞台，他的官宦生活从此画上了句号。人到七十古来稀，他的苍老在面颊上蔓延，花白的须发，佝偻的身躯，枯瘦的手指，每一条皱纹里似乎都郁结着每一个故事，时间的小手指，轻轻撩拨着他的神经，有时偶尔一阵风，会吹得他眼睛发酸，夜晚惊醒，他还以为自己不过做了一场关于衰老的噩梦。

屈指劳生百岁期。荣瘁相随。利牵名惹逡巡过。奈两轮、玉走金飞。红颜成白发，极品何为。

尘事常多雅会稀。忍不开眉。画堂歌管深深处，难忘酒盏花枝。醉乡风景好，携手同归。

——《看花回》

颤抖的手指可还记得曾经的岁月，那里有欢笑，有泪水。而世间泪水太多，滋味苦涩，倒不如那美酒一杯，一醉方休，忘却泪水几何。他的生命里，最使他难忘的，还是年轻时的那些幽欢雅会，那番热闹场景，总会令他轻轻扬起嘴角。画堂深处，美人独舞，花枝一朵，携手同归，与其说这是年老的柳三变的幻想，不如说是他不小心抖落的回忆。“红颜成白发”，他微微叹息，一生的坎坷辛酸，如今看来不过弹指一挥间，什么功名利禄、富贵荣华，不过沧海一粟，与生活本身相比，的确不值一提。

这样的感叹，已经不止一次在他的词作中出现，愈到晚年，他参悟得愈深，在人生最后的岁月中，他的作品多半是回忆往事，抒发情怀。这首著名的《戚氏》，便是一个最好的总结。

晚秋天，一霎微雨洒庭轩。槛菊萧疏，井梧零乱惹残烟。凄然。望江关，飞云黯淡夕阳间。当时宋玉悲感，向此临水与登山。远道迢递，行人凄楚，倦听陇水潺湲。正蝉吟败叶，蛩响衰草，相应喧喧。

孤馆度日如年。风露渐变，悄悄至更阑。长天净，绛河清浅，皓月婵娟。思绵绵，夜永对景，那堪屈指暗想从前。未名未禄，绮陌红楼，往往经岁迁延。

帝里风光好，当年少日，暮宴朝欢。况有狂朋怪侣，遇当歌对酒竞留连。别来迅景如梭，旧游似梦，烟水程何限。念利名、憔悴长萦绊。追往事、空惨愁颜。漏箭移，稍觉轻寒。渐鸣咽、画角数声残。对闲窗畔，停灯向晓，抱影无眠。

——《戚氏》

秋雨连绵，滴落槛菊井梧，从高阁上眺望江关，江面上缭绕着淡淡青烟，夕阳垂落，飞云暗淡，宋玉曾经因此景发出悲秋的感叹，这样的季节里，众人行色匆匆，心事重重，花草虫鱼都无精打采，旺盛的夏天正一点点衰败。

词人幽居孤馆，无人分享他的快乐与悲伤，他已习惯这种生活。他常常对着月亮枯坐半宿，这世间永恒的唯有月亮吧，从真宗朝的盛世一直照耀至今，那雪白的银盘中，仿佛还回放着从前的景色，绮陌红楼，暮宴朝欢，皆历历在目。每当想起往事，又觉得一切都像大梦一场，迅景如梭，故人零落，眼前灯光如豆，一夜抱影无眠。

后人说："《离骚》寂寞千载后，《戚氏》凄凉一曲终。"柳三变七十年的日日夜夜，终于随着一曲《戚氏》落下了帷幕。

第三节

红颜清泪葬风流

生命这段奔波总需要走向停歇，当扛不住了，看不清了，或靠半壁残垣瞭望半边远山，或凝一盏碧玉品味一段红尘。记忆中的艳霞早已散去大半，只有几个还想和他说几句的人，几件能勾动他嘴角的事儿。

到最后，漫天繁星皆隐，记忆的天空独余一点光芒，他安静地躺在无垠的大地上，痴迷地望着它、对着它，似哭似笑、似怨似嗔，努力伸手将他触及。直到它也伴随着他的目光逐渐化去，化去纠缠了他一生的悲欢离合，化作另一段不为人知的人生。

至和三年，这一年，信手间毁掉了柳三变封侯拜相的豪情壮志，同时造就了他“奉旨填词”千古文名的宋仁宗已经四十七岁。这一年，包拯以龙图阁直学士权知开封府，开始了他人生中最为传奇的一段政治生涯。这一年似乎和历史上的许多年一样没什么分别，有人得意，有人失意；有人高升，有人落魄。但某个人的离去又让这一年对我们来说不同寻常。

经历了海誓山盟、春风得意、羁旅行役、落魄潦倒种种人世滋味，在对这滚滚红尘发出最后一声若有若无的叹息之后，柳三变卸去了一身顽疾、满鬓风霜，这颗在世俗流浪了数十个寒暑的“文曲星”又重归天阙。

对于柳三变死时及身后事的情境，人们莫衷一是，正史上不见详录，前人笔记中倒是多有痕迹，但也只让历史的真相更加扑朔迷离。有人说他葬于襄阳，也有人说枣阳县花山是他最后的归宿，据传仪真县也有一座柳耆卿墓。相比而言，以下这种记载虽不可盖棺定论，论据无疑最是充分。

据叶梦得《避暑录话》中录：“永终屯田员外郎，死旅殡润州僧寺，王和甫为守时，求其后不得，乃为出钱葬之。”又据明万历《镇江府志》卷三十六说记载：“永字耆卿，始名三变，好为淫冶之曲。仁宗临轩放榜，特绌之，后易名永登第。文康葛胜仲《丹阳集·陈朝请墓志》云，王安礼守润，欲葬之，藁殡久无归者。朝请市高燥地，亲为处葬具，三变始就窀穸。近岁水军统制羊滋命军兵凿土，得柳墓志铭并一玉篦。及搜访摩本，铭乃其侄所作。篆额曰：'宋故郎中柳公墓志'，铭文皆磨灭，止百余字可读云：'叔父讳永，博学，善属文，尤精于音律。为泗州判官，改著作郎。既至阙下，召见仁庙，宠进于庭，授西京灵台令，为太常博士。'又云：'归殡不复有日矣，叔父之卒，殆二十余年云。'"

王和甫就是王安礼，和甫是他的字，他就是那位大名鼎鼎的"拗相公"王安石的弟弟。叶梦得曾经在润州丹徙有过为官经历，葛胜仲本身就是丹阳人，他们都言王安礼在出任润州知州时埋葬了柳三变，这说法于理而言是比较可信的。

相较之下，"群妓合金葬柳七"的故事只不过是仰慕柳三变的文人为他续写的一段风流。但一切历史都是当代史，感性的我们无心如汗牛充栋、韦编三绝的史学家那般"不虚美、不隐恶"，既然柳三变跌宕的一生如此让我们神牵梦绕，我们不妨把最凄美的传闻当作应该发生过的事情吧。就像对伟大的诗人李白，我们装饰了一个浪漫的"奔月"，相伴他步入生命的终程。同样的，相比于默默无闻地湮没于历史的尘埃，我们更倾向于柳三变那流离于庙堂、扬名于宇内的不羁人生以一种传奇性的方式收尾。

“乐游原上妓如云，尽上风流柳七坟。可笑纷纷缙绅辈，怜才不及众红裙。”

就如他不为正统士人接受但却被世俗乐道的人世经历一样，后人同样为他安排了一场惊世骇俗的葬礼。七十余年前，当他呱呱坠地时门前的池渠中生满了白莲；七十年后，他魂归天际，同样也被千百朵出淤泥而不染的花儿围绕。

柳三变死时，早已断绝了功名利禄之心的词人孑然一身，家无余财，可谓落魄至极，是钦慕他文采和痴情的群妓合资为他买了棺木，建了陵墓，安葬在城外。当地官府找不到他的家室，于是，在他生前与他互相倾心的青楼女子就为他披麻戴孝。他没有送葬之人，百千青楼女子就自发的聚集组成祭奠的队伍。

她们中有的是千金难得一见的花魁，有的是已光阴不再的人老珠黄。有的人更是闻讯不远千里而来，只为送他最后一程，急匆匆未及卸下舟车的劳顿。她们都曾吟唱过柳三变的词，惊艳于词人的才情，被他笔墨下的景和情触动过心扉。

是他，虽然落魄市井，题词于酒肆勾栏，但随笔挥就的一首词作就可造就一位佳人，使骚人豪客趋之若鹜；是他，用一己之力开启了宋朝一代之文学，让最初只是微末小道的诗余，通过琉璃坊间的弹唱，几百年间传唱不衰，今日出了贩夫走卒、黄口稚子的口，明日又入了公卿将相、妃嫔帝王的耳朵。

我们无法用地位、声名来定义一位古人的伟大，那只会牵累了“伟大”二字，但当一个人的行迹超越了时间，在千百年的变迁后仍然能使后人感动，那么他大可和伟大沾边了。

贾宝玉曾向红颜鄙弃那些“文死谏，武死战”的须眉浊物，他表白心迹说：“比如我此时若果有造化，趁着你们都在眼前，我就死了，再能够你们哭我的眼泪，流成大河，把我的尸首漂起来，送到那鸦雀不到的幽僻去处，随风化了，从此再不托生为人，这就是我死的得时了。”

一个人在世人心中的分量，并不在于他生前有多少人为他歌功颂德，而是要看死后有多少人为他垂泪。对于情痴，红颜知己的泪便是最好的送别礼物了，柳三变得了个天下痴情人最想要的结局。希望纯洁的泪水可以洗净他的伤痕累累，一切冷落、嘲笑和污蔑都随风而逝，他的灵魂在安详里潇洒回首，向所有痴情人道一声珍重。

那一天，小雨淅沥淋湿了长街，千百把油纸伞犹如盛开的繁花，伞下是一张张更胜花色的容颜，只不过她们的脸上已没有了往日的笑容，泫然欲泣。她们默默地步行至城外的郊野，驻足于一处陵墓之旁，斟满一盏清酒，把它泼洒在墓前，让晶莹的酒水和着她们的眼泪滋润墓前的泥土。她们默默吟唱着柳三变生前所作的词令，怀念着这个爱过、恨过、怨过、笑过的白衣卿相。那一日青蛾画阁少了轻吟萧鼓，红粉朱楼不见春光融融，半城尽缟素。那一日冷清了迤逦御香却情义了无边风月。

此后每逢清明，群妓便会蜂拥而至，到柳三变墓前凭吊柳郎，世人谓之“吊柳七”，又称“吊风流冢”，以致渐成风气，乃至没有入“吊柳会”、上“风流冢”的人不敢到乐游原上踏青，这种风俗延续至宋氏南渡。

这些朝云暮雨的烟花伴侣们为何会为柳三变的离世而垂泪，大概是少了七郎的笔，那些绮罗勾栏、相思哀怨，总是失却了几分真颜色，她们的百般情思衷肠又被锁回了独自一人时的漫漫长夜。“此去经年，应是良辰好景虚设。便纵有千种风情，更与何人说。”

所有的故事都会有个结局。这一次柳三变终于可以从奔波中脱身，停下来好好歇息了。此前，无论再美的风景，柳三变总不能驻足久观。他总是骑着白马，带着风尘，匆匆而来又匆匆而去。哒哒的马蹄声里，他永远不是那个别人翘首以盼的归人，而只是意外的过客。这一次，不会再是了。

走过城市被春雨打湿的石板路，在柳枝的抚弄下通过斑驳的城门，踏着嫩绿多汁的青草，穿过乐游原上擦肩而过的各色人群。在草长莺飞的春色深处，一个白衣翩翩的身影正悠闲地安憩在那里，他用温柔多情的目光迎接着我们，为我们谱一阕倾城之曲，吟唱一首打动我们心扉的千古柳词。

第四节

千古留名，天下咏之

“风流总被雨打风吹去”，帝王的宫殿独余荒冢，英雄的刀剑只剩残骸，时间的力量总能让一切面目全非。更何况历史的记述大多本就是一面之词。翻阅历代正史，我们会发现短命的王朝中，统治者往往平庸无能、荒淫无道；而传承数代的王朝中的帝王多是雄才大略、礼贤下士。

祖宗筚路蓝缕、披荆斩棘打下的大好山河，那些“昏君”“暴君”就真舍得让它在自己手中葬送吗？那他们在史书中又为何全都是如此不可救药呢？全因短命王朝的正史都是后朝人修的，而长寿朝代的历史都是本朝人自己修的。人在屋檐下尚须低头，更何况自己安身立命的家国呢。史家有所谓“为贤者隐，为尊者讳”，胜利者能够随意文过饰非，曾经的真相早就被后人改得面目全非。

好在文人有一杆穿越千秋的笔，杰出的文人能够通过手中的笔在世上留下自己真实的一面，做到千古帝王都无力做到的事，就如我们在“人生得意须尽欢，莫使金樽空对月”中看到了永恒的李白，在“何时眼前突兀见此屋，吾庐独破受冻死亦足”中感受到了不可磨灭的杜甫。当古老的文字经过那些惊才绝艳者的加工，它便生出了去伪存真的天然抗性，便被固化成了永恒，暴力可以将它们摧毁但不能改变。文史互证，文有时比史更加真实。

柳三变的一生如无数前人一样皆已湮没在历史的尘埃里，但好在还有《乐章集》。每次将它翻开细细品读，我们都可以感受到千百年前的同一片天空下，挥洒出如出一辙文字的词人是怎样的心情。

词，起于隋唐，本是为配合燕乐表演而作的歌辞。自五代以来，这种新兴的创作形式被士大夫视为“诗之余”，是严肃的诗歌之外，床帏宴会之间用以狎玩嬉戏、娱宾遣兴的文字，和“诗言志”抒发的壮志豪情相对。前期的词作题材局限于男欢女爱、描摹风月、歌咏物品，它们往往陷于旖旎艳情或者凄迷感伤的情绪之中难以自拔。词的风格成于轻柔温婉，却也伤于清艳。

柳三变之前的词作集大成，是由后蜀人赵崇祚编辑的《花间集》，收录了晚唐至五代十八位词人的香艳之作，其中以温庭筠和韦庄二人最为名盛，尽书上流社会之中美人贵妇的日常起居、身姿妆容，素以名花比美人，尽显美人娇媚之词，故称之为“花间”。这些词作极软媚香艳之能事，绣幌佳人眉梢含春，绮筵公子眼中传情，虽然华美异常，但将美人比作器物肆意把玩，靡靡之音终究多了猥亵少了婉约温情。当然《花间集》中也不乏传世之作，如这首温庭筠的词：

小山重叠金明灭，鬓云欲度香腮雪。懒起画蛾眉，弄妆梳洗迟。

照花前后镜，花面交相映。新帖绣罗襦，双双金鹧鸪。

——《菩萨蛮》

此作写尽了少妇晨起时慵懒妖娆的姿态，将她孤单的心态隐在梳洗迟迟中委婉道来，万种风情却独坐妆台，大好春光却只能寂寞空度日，百无聊赖。陈廷焯《白雨斋词话》评曰：“飞卿词如‘懒起画蛾眉，弄妆梳洗迟’，无限伤心，溢于言表。”

花间词人的作品里也有些出色的咏史怀古之作，其中以吴越西施为题材的词作最为多见，薛昭蕴所作《浣溪沙》组诗尤为出类拔萃，《浣溪纱》其七写道：“倾国倾城恨有余，几多红泪泣姑苏，倚风凝睇雪肌肤。吴主山河空落日，越王宫殿半平芜，藕花菱蔓满重湖。”

但《花间集》的珠玉之光终究难掩其内在的无聊空虚。动乱的五代，天下岌岌，百姓救死不暇，而身为社会栋梁的士大夫却痴迷于感官的享乐，他们身上彰显的不是“捐躯赴国难”的悲壮，而是“商女不知亡国恨，隔江犹唱后庭花”的萎靡，虽具文采却不具文思，空有风韵而失了骨气。并且更被传统儒家所无法容忍的是，在一部分作品中，他们视女性如器物般肆意把玩，将肉欲不加掩盖地搬弄到纸上。现在看来虽可以套上个性解放、脱离后天说教而反映世人与生俱来的本性的夸饰，但毕竟其中淫靡太甚，遮盖了文学最讲求的意境之美。

柳三变的《乐章集》虽也是离经叛道，不在儒家正统的审美情趣之内，但它脱离了《花间集》中诲淫的低俗，而迈向了和繁华市井相接的世俗。他把词作得不再如《花间集》那样隐僻遮羞，难与外人道，而是“流俗之人尤喜道之”。

同是主要以女性为主角，而且《乐章集》中的女子更多是风尘出身，但淫亵少了，人情味多了。她们不再是寄寓着男子欲念和幻想的玩偶，而是一个个活生生的、有血有肉、有爱有恨的尘世女人了。

与之前所有文人对女性的描摹相比，柳三变笔下的女子各具别样的风貌。她们不再如深锁春闺、坐失爱情的旧时女子那样逆来顺受、自怨自艾，而是在爱情的追逐中显得大胆而泼辣，无所顾忌的坦陈着对爱情的渴求："镇相随，莫抛躲。针线闲拈伴伊坐。和我，免使年少，光阴虚过。"（《定风波》）平民女子的内心世界也被别开生面的触及，柳三变用自己同情的笔触将她们的苦闷幽怨道得详尽："添伤感，将何计。空只恁，厌厌地。无人处思量，几度垂泪。不会得都来些子事，甚恁底死难拚弃。待到头、终久问伊看，如何是。"（《满江红》）他多年出入坊曲，多与歌妓交往，虽有时不免狎戏、调戏，但对待这些身世凄凉的女子，他更多的是抱着平等相知的态度："已受君恩顾。好与花为主。万里丹霄，何妨携手同归去。永弃却、烟花伴侣。免教人见妾，朝云暮雨。"（《迷仙引》）

在整部《乐章集》中，无论是于勾栏间寻欢作乐的士大夫，抑或是在秦楼楚馆中卖笑言欢的歌儿舞女，都有着复杂多变的情感，都身为一个个活生生的人存活在柳三变的笔下。

《乐章集》中，男女之情在文人笔下第一次被如此直率而纯粹地表现出来，不再遮遮掩掩、欲拒还迎，也同样脱离了肉欲的指使、礼教的束缚。相比而言，《花间集》里的士大夫对于情感的表达就如一个羞羞怯怯的柔弱小姑娘，在情感的道路上误入歧途却又费尽心机遮掩着自己的疑惑。而《乐章集》则更像是一个走向成熟自知，对这个世界充满热情与诱惑的女郎，她热烈而真挚，坦诚而率真，无所顾忌地向世界索要着自己应得的爱情。

一部《乐章集》，半卷羁旅行役。正是由于相遇的佳人太美太过痴情，到过的地方太令人留恋，他一辈子的宦海沉浮、江湖浪迹才显得太过艰难。爱情可望而不可即，在一个个心悸的邂逅里失而复得，又在下一次痛彻心扉的离别中得而复失。他的脚步总在红颜和功名间左右徘徊，不知所终，回首间怅然若失，只得用一段段文字来祭奠。追求、矛盾、挫折、苦闷、失意、心酸，柳三变一生的种种滋味都凝聚于笔端。

每个文人身上背负的不只是我们想当然的风流倜傥、红袖添香。我们每个人出生就开始背负难以逃避的重量，挫败的重量、危险的重量、屈辱的重量、伤痛的重量……正所谓“文章憎命达”，文人往往要背负远超于常人的重量，才能在历史的长卷上留下一笔，不被光阴抹去。

柳三变写作的年代虽脱离了五代十国的动荡不安，但他潦倒的人生经历却要比那些在乱世里沉溺酒色的避难者更加多彩，也更加沉重。一卷《乐章集》虽不足让世人读懂柳三变，但可以让我们拾起尘封了千百年前的情感，它依然鲜活如昨。

后记

初识柳永，是那首《雨霖铃》，一句“此去经年，应是良辰好景虚设。便纵有千种风情，更与何人说”的苦楚，让人不忍卒读。那缠绵悱恻、凄婉动人的离愁别绪揉碎了人心，催落了泪水。

后来才知道，写下这句词的才子，正是宋词史上具有里程碑地位的柳永。

偶然机会，妄想揣测这位非凡才士的跌宕一生，此书遂成。

款款落笔，追随柳永的脚步渐渐停息下来，心中难隐的澎湃却久久无法平静。柳永的一生，有着说不尽的传奇精彩。

在他的身上，有官宦世家的霸气，有失意才子的敏弱，有风流之士的浪漫……他的一生是充满着矛盾的一生，充满着传奇的一生。

考场失意，词场风发；官场不济，情场张扬。在这得意与失意的悲喜交集间，柳永努力地找寻属于自己的人生位置。在追逐梦想之路上，纵然饱受风雨的洗礼，他也从未动摇过心中意志——对自由人生的追求。他的生命追求终将与他的词作追求一致，放达人生，高歌一曲："青春都一饷，忍把浮名，换了浅斟低唱!"

"不愿君王召，愿得柳七叫；不愿千黄金，愿得柳七心；不愿神仙见，愿识柳七面。"柳永一生的大部分时光都在烟花柳巷里赋诗和词，无数千古流传的词作便诞生于笙歌艳舞、锦榻绣被之中。亦正是因为这些服帖生活的情感才支撑着他的词作散发出独特的风格魅力。在笙箫琴瑟齐鸣的烟柳红尘之中，柳永亦是风靡一时的明星。

若非那些苦难的洗礼，柳永或许亦不会成为今日之柳永；若非他异于常人的词曲风格，他的星言片语或许会被中国历史上宏大的文字洪流席卷而走。偶然也孕育着必然，缘分也是规律。

在文字的世界里，我仿佛重新跟随柳永回顾人之一生，重新审视他笔下的"三秋桂子，十里荷花"，从那渗透着心酸血泪的词句中，忽然品味出些悲伤的意味来。